河出書房新社

越路吹雪　田中絹代　山田五十鈴

高峰秀子

ミヤコ蝶々　佐多稲子　杉村春子　安達瞳子

岸惠子　大宅昌　原由美子

佐藤愛子　大宅映子

高峰秀子と十二人の女たち

高峰秀子と十二人の女たち

◉

目次

カバー写真――山田五十鈴、田中絹代と高峰秀子
（『キネマ旬報』'57年9月上旬号より）
装幀――友成　修（データ作成・枠元治美）

高峰秀子と十二人の女たち

巴里《パリ》ふたりがたり

越路吹雪（29歳）
高峰秀子（29歳）

越路吹雪（こしじ・ふぶき）一九二四―一九八〇
歌手・女優。宝塚歌劇団のトップ男役を経て、シャンソン歌手、映画女優、舞台女優、ミュージカルスターに。「シャンソンの女王」と称された。第七回日本レコード大賞最優秀歌唱賞受賞。代表曲に「愛の讃歌」「ラストダンスは私に」「サン・トワ・マミー」「ろくでなし」など、舞台に「王様と私」「南太平洋」など。

パリがえりのデブちゃんとプーさん

（越路さんが、お菓子をひとつ口に頰張った瞬間に、せかせかと高峰さんが会場に入ってこられる。）

高峰 いやアごめん、ごめん。おくれちゃって。

越路 う、うん（あわててのみこむ）。

高峰 ほんとうにごめんなさい。それから、おかえんなさい（ぴょこりとお辞儀する）。

越路 いそがしいひとだなア。まア落着きなさいよ。「ごめんなさい」とか、「おかえんなさい」とか、あんた、人並のアイサツを知ってるのね。ちょっと恐縮させるじゃないの（笑）。

高峰　ええッ？　キ、ヨ、シ、キ？　何のはなし――？

越路　あら、あら、言葉のはなしよ。

高峰　フランス語？　どうだった、あちらで言葉は困ったでしょう？

越路　何だか話がトンチンカンだなア。しばらくでした（改めて挨拶する）（笑）。

高峰　どう？　巴里よかったでしょう？

越路　うん、東京へ帰ったとたんにまた行きたくなっちゃった。エア・フランスの飛行機が飛んでるのを見ると、もうたまらないの。

高峰　巴里ッてホウソウみたいなもんだと思わない？

越路　ホウソウ？

高峰　うん、一度じゃ落ち着かないの。どうしても、もう一度は行かなきァ気がおさまらないンだわ。

越路　ほんとうに、そうだなア（高峰さんの肩をいきなり叩いて）。あっ……そうだ、そうだ、ありがとう。

高峰　（飛びあがって）何？　とつぜん。

越路　お手紙のお礼云うの忘れてた。
高峰　ああ、驚いた（つくづく越路さんの顔を見て）。そう云えば、あんたスゴク肥ったわね。頰っぺたの凹みは、どこへ行ったの？
越路　あらっ本当？（ギクリとして、両頰を撫でさする）おかしい？　そろそろ年増肥りかな？（笑）
高峰　ううん、俄然よくなったわ。前より、ずっといいわ。何かこう……健康的で、翳《かげ》が無くなったのね。
越路　たくましくなったのかな。
高峰　うん、そう。こんなにフクらんでるよ（笑）。あらッごめん遊ばせ、か（越路さんの頰に手をやって）。
越路　そこンところ、歯がぬけてるのよ。イヤ、そうじゃない、欠けたんだっけ……。
高峰　どうして欠けたの？
越路　イタリーで固いパンを噛じったら欠けちゃったのよ（笑）。
高峰　相かわらず、そそっかしいなア。
越路　だけど、本当に、そんなに肥ったかしら？
高峰　トテモ綺麗になったよ、そうだなア、色ッぽくなったのよ。

越路　あんたも、帰ってきたばかりのとき、相当肥ってたわ。

高峰　うん、モノ凄かったよ……。羽田へ降りたとき、誰も分らないンだもの、悲観しちゃった。そこにいるデブがデコだっていうわけなのよ。

越路　でも、今はちょうどいいわ。

高峰　おかげさまで（笑）。

越路　（しみじみ）どうして、巴里へ行くと肥っちゃうンだろう？

高峰　どうしてだろう？　……のんびりしちゃうからかな。

越路　仕事はちっともしないで、遊んでばかりいたから肥るのね、きっと……。

高峰　私だって、いま十三貫三百あるのよ。まるでプーさんみたいになっちゃった（笑）。何だかこんな話、散文的すぎるわね（と云いながら卓上の料理を頼りにパクつかれる）。

越路　そうだッ、エントツおめでとう！

高峰　うわっ、驚かすなア。突然声をかけるから御馳走がロクロクのどに入らないわ（笑）。（唾をのみこんで）ア、リ、ガ、ト、ウ。

（エントツと云うのは「煙突の見える場所」がベルリン映画祭国際平和賞を獲得したことを越路さんが云ったのです。）

よ。

大和撫子《ヤマトナデシコ》がレストランを運ばせる！

越路　あちらへ行ってもとうとうフランス語は覚えなかったわ。行くときに、あんたから差あたり必要な言葉だけ教わって行ったでしょう。あれもロクに使えなかったのよ。

高峰　私たち大和撫子は、どうも気が弱すぎるからよ。

越路　純真そのものなんだもの。何だか恥しくて使えないのね。

高峰　ホテルでは困らなかった？

越路　はじめのうちだけね。マダムがとても親切でいいひとだったンで、そのうちに馴れちゃって、大抵のことは不自由しなかったわ。こんな風だから、直ぐホテルの人気者になっちゃって、マダムもボーイも、私の眼の色でカンを働かせてくれるようになったわ。「レストランに電話して下さい」と云うのを、「レストランを運んで下さい」って云っちゃったこともあるわ。ガルソン（給仕）が眼をパチクリさせて、困ったようなおかしいような顔をしてるの。そのガルソンの顔を見ていると、こちらも「あッ、しまったな」とは思うんだけど、やっぱり困ったようなおかしいような顔をしてモジモジするしかないの（笑）。

高峰　ホテルは何処？
越路　オペラ・コミックの裏どおりよ。
高峰　裏って云うとどの辺かしら？
越路　ほら、ほら、支那料理屋があったでしょう？
高峰　どこの？
越路　地下室の、さ。肥った支那人のマスターがいて、ネ。
高峰　うん、うん、ああ、そこの店、知ってる、知ってる。何にも云わないでも、ちゃンと好きそうな料理を持ってきてくれるのネ、あの店は……。
越路　そのそばに河があったでしょう。
高峰　えッ？　あんな処に河があった？
越路　うん、ほら、細い汚い水が流れてた……。
高峰　なアんだ、あれは溝《どぶ》よ。あれは河とは云わないわ。
越路　私は水があると何でも河にしちゃうのよ。どぶが河になっちゃうんだ……。
高峰　そのどぶから、どの方向なの？
越路　これに沿って（卓上に指で地図を描きながら）、こんな風に路があったかしら？
高峰　まア頼りないのネ、あったかしらって、あンたの住んでた処をきいてるのよ。

越路 私くらい地図の説明が下手なのもめずらしいのよ（笑）。オペラでしょう、支那料理でしょう、どぶでしょう、それから、ここに路が、一本だったかな？ いや、二本だったかな？ あったでしょう？

高峰 その路を、どう行くの？

越路 さア……どうだったっけ？（笑）

高峰 ああ、もう、いいわ。あンたの自由な処に住んでちょうだい（笑）。

越路 こう行く路もあったンじゃないかしら？

高峰 まだ云ってるの。もう少し責任もって説明しなさいよ（笑）。

越路 困ったなア、ともかく、オペラ・コミックの裏の方なのよ。

高峰 ああ、そんなら、とにかく良いところだわ（笑）。

越路 そう、そう、リウ・グラモン（グラモン街）と云うンだっけ、私のホテルの場所。

高峰 グラモン？ 知らないな。

越路 弱ったなア。何とかして案内したいンだけど（また指で地図をかきながら）。こう行って、ほら、こう行くでしょう？

高峰 駄目、駄目、そんな路ならマドレーヌへ行っちゃうわ。

越路 あっあっ、そうじゃない。

高峰　じゃ、こう行くのかしら？　こう……

越路　ううん、いや、いや、もう一本次の通りだったわ。

高峰　ふ、ふ、ん。

越路　そこにモカと云う珈琲店《キャフェ》があるのよ。知ってる？

高峰　知らないわ（笑）。

越路　そ、そ、そこんところなンだがなア。

高峰　い、い、と、こ、ろ、よ（笑）。

越路　そこの角の部屋にいたのよ。通りに面してるので、一日中自動車がブーブーうるさいの。夜半の三時頃になって、やっとしずかになるンだわ。

高峰　ともかく、あンたとは暮せないわ、頼りなくて（笑）。

越路　思い出した。ホテルの名前は、マンチェステールと云うの。

高峰　ほらネ、この調子なンだもの。それで、どんなホテルだった？

越路　月に二万六千フラン（邦貨二万六千円）。ちょっとお茶をのみすぎたり、食事をしすぎると、三万フランから四万フランぐらいかかるのよ。

高峰　そうね、百弗《ドル》（三万六千フラン）で一週間過せばいいンだから、ちょうど頃合いね。

越路　親切で感じがよかったわ。
高峰　あンた、早起きした？
越路　ううん、とんでもない、巴里に寝に行ったみたいよ。
高峰　そうね、オペラ観てかえってきたら、午前二時だものね。
越路　あンたの寝坊も有名だったわ。
高峰　お昼前に起きたことなんか無いものね。
越路　それで肥るンだなア（笑）。
高峰　お腹がへるようにできてるのよ。
越路　それで、あちらのひとはずいぶん喰べるわね。パンにチーズをはさんで……あいうのは、日本ではお茶漬さらさらみたいなものネ。しょっちゅう喰べてるわ。
高峰　お酒のんだ？　私はダメだったけれど……。
越路　コニャックが一番おいしかったなア。酔心地も一番よかった。それからビールね。
高峰　レストランに行くと、お酒がかりのガルソンがちゃんと別にいるのね。
越路　うん、うん。
高峰　むずかしい酒の名前がごちゃごちゃ書いてあるメニュを持ってくるでしょう。

弱ったなア、あれには。全然よめないし、お酒を注文しないと、ケチな奴だなアと思われそうだし……。

越路　葡萄酒はよく飲んだわよ。あれのおかげで元気になったのよ、きっと。

モノ真似入りで卵一つにありついた

高峰　頭洗ってバサバサになったでしょう?

越路　うん、あんた、知ってたら行く前に注意してくれたらよかったのに……。

高峰　云わなかったかな。

越路　水が悪いのね。洗濯ものだって黄色くなっちゃうンだもの。

高峰　チューヴに入ってる、あれ、なんて云ったかしら、あの薬をつけると、バサバサの頭がなおるのよ。教えてあげとけばよかったわ。

越路　でも、いいことばかりはないね。

高峰　お風呂は毎日入った?

越路　うん、毎日。部屋についてるンだから至極簡単に入れてよかったわ。

高峰　部屋付きのガルソン(ボーイ)にチップをあげた?

越路　あのひとたちは、はっきりしてるのネ。チップをうっかり忘れてると、寝台のシーツを替えてくれないのよ。

高峰　そういう定《きま》りになっているのよ。外出するとき、ベッドの上に百フラン札を一枚おいとくのね。

越路　そう、そう、私もそうした。

高峰　帰ると、ちゃんとその百フランがなくなっているのよ。そして、シーツも綺麗なのと替えておいてくれるというわけ……。

越路　卵を注文できた？

高峰　ううん、はじめは駄目だったわ。

越路　私、仕様がないから、鶏の真似をしたのよ。それで、やっと卵にありつけたの。

高峰　泪ぐましいなア（笑）。

越路　お茶《ル・テ》か珈琲《ル・キャフェ》か？　ってきかれるでしょう？　ああいうときにスラスラと「ル・キャフェ・オ・レイ（ミルク入りの珈琲）」なんて云えたときは嬉しいわね。そんなとき珈琲の味もまた格別だわ。

高峰　キャバレなんか行った？

越路　うん、行った。モンマルトルはよかったなア。向うのひとは、ほんとうにたのしそうに騒いでるのネ。東京みたいにひとの迷惑になるような騒ぎ方はしてないわ。

高峰　トリが旨かったろ?

越路　旨い、旨い。トリと豚はスゴイ!(笑) 牛はまずかったな。

高峰　私が行った頃は、日本人と云えば女学生が三人いたきりだったから、街を歩いても、ちっとも日本人に会わなかったわ。あンたは、どうだった?

越路　よく会ったわ。ずいぶんいるンだなと思ったくらい。

高峰　リドが一番よかったなア。カジノ・ド・パリが案外つまらなかったね。

越路　踊り子が素っ気なくてね、それに一年中同じ演《だ》しものだものね。

高峰　カジノよりモンマルトルのキャバレでストリップ見た方がたのしかない? とても綺麗で惚れ惚れしたわ。

越路　そうなの、私も。裸のダンス綺麗だった、ほんとうに。カジノの踊り子を見たら、吐きたくなっちゃったわ。とても皮膚がきたなくて……。全部見てられない、半分で出ちゃったわ。それに、すみっこの踊り子なんかダレちゃってて、踊りに身を入れてないの。客席に流し眼して、お客を物色してるのよ。

高峰　フレンチ・カンカン見た?

越路　うん、あれも詰らないな。あの踊りは長いスカートでなければ意味ないでしょう? それなのに、短いスカートでやってるのよ。長いスカートから脚が出るところに面白味があるのに、始めから脚が出ていたンじゃカンカンらしくないじゃない、ね。

鏡に映った法界坊《ホウカイボウ》がこの私だった！

高峰　あちらで靴買った？
越路　うん、買っちゃった。
高峰　買っちゃいけないって云わなかったかしら？
越路　云ってくれなかったわ、残念なことに。
高峰　私、八足買ったけど、全部ひとにあげちゃったわ。
越路　アイデアはいいンだろうけど、とにかく雑にできてるね。
高峰　なにしろ土ふまずがないンだもの。ロボットみたいに歩かなきゃいけないのね。みんな、よくあんな靴がはけるものね。
越路　そう云えば、巴里の女のひと、みんなロボットみたいに歩いてたわ（笑）。
高峰　洋服だってそうよ。ずいぶんいろいろと見たけれど、実際着て歩かれるようなのは無かったわ。
越路　靴では、ずいぶん閉口したことがあるのよ。散歩に出たら途中で、痛くて痛くて歩けなくなっちゃったの。ホテルは直ぐ眼の前にあるンだけど、そこまで歩く気力もなくなっちゃったわ。そんなときに限って、自動車もこないし、とうとう仕方がないので、泣く泣く腰をかがめて歩いてかえったわ。これが本当のクツウよ（笑）。

高峰　向うへ行ったら、お洒落する気持がなくなったわ、私。

越路　私もすっかりお洒落なんて忘れちゃった。

高峰　お洒落しようだなんて思ったら、お金はいくらあっても足りないものね。あきらめちゃった。

越路　だから、逆に無造作にしてるほかないのよ。わざわざ洒落っ気はありません、って云うように振舞わなければ、切なくて、切なくて……。

高峰　いじらしいわね（笑）。

越路　美容院へ行って、頭を法界坊みたいにされちゃったこと、あンたに話した？

高峰　ううん、きくわけないわ。だって、あンたが巴里から帰って、私と始めて会うのよ。

越路　あッそうだった（笑）。美容院へ行って、ピンカールにしてくれって云ったのよ。そうしたら、シャムプーしてカットしてくれたの。それがね……、肥ったマダムが眼をつぶれと云うの。ヂョキヂョキって音がするの。はっと思って眼をあけたら、大変よ、まるっきり法界坊にされちゃったの。つくづく情なかったけど、恨みのフランス語も知らないし、どうなることかええ儘よ、と思ってまた眼をつぶっちゃった。出来上がったら、こんな風に前髪が揃っておでこに垂れてるの（笑）。

高峰　ああ、それは、支那人と間違われたのよ、きっと（笑）。

越路　クレオパトラならいいけど、……こんな変な前髪を垂らされちゃって、悲しかったなア。

高峰　そこの店、高かった？

越路　六千フラン、安い方だろう？

高峰　いろんな化粧品売りつけられなかった？

越路　うん、られた、られた。

高峰　あれで、こちらは貧乏しちゃうのよ。何だかんだと云って旨く売りつけるのね。世智がらいわ。どこの店へ行っても、何か売りつけようとしているわ。

越路　だけど、それでも、やっぱり巴里はいい処ね。東京へ帰ってみて、余計巴里のよさが身にしみたようだわ。

高峰　東京へ帰ったとたん、ずいぶん汚い町だなアと思ったわ。あんた、どう？

越路　そうそう、それに雑音がうるさいことね。

高峰　巴里だって、裏町はあるし、汚いことは、東京も同じなんだけど、汚さがちがうのね。

越路　そうなのよ。東京のは、調和がとれてない汚さなのね。巴里は、汚さにもハーモニイがあるンだわ、ほめすぎるかな？

高峰　色がいいもの。

越路　街を歩いたって、一つ一つの色は東京と変らないンだけど、やっぱりハーモニイね。ハーモニイがあるから美しいンだわ。

高峰　東京の街は中華料理の看板みたいに、ごちゃごちゃしてるだけなのよ。

越路　雑音だってハーモニイがあるみたいね。だから、いくら喧《やかま》しくてもちっとも神経にさわらないンだわ。

高峰　とにかく、行ってよかったと思うでしょう？

越路　そりゃアそうよ。

高峰　あンた、行く前は、ずいぶん気を揉んでいたでしょう？　行ってみたら、ちっとも、何ということはなかったでしょう。

越路　ほんとうに、行く迄は、何かはらはらと心配ばかりしてたものよ。一回行っちゃったら、また行きたくなるンだから現金なものね。

高峰　お産みたいなものね。

越路　ええッ？　あんたお産したことあるの（笑）。

高峰　う、ふ、ふ、ふ。そんなものじゃないかと思うのよ。一匹生むまでは、はらはらしてるけど、一匹生んじゃうと、こんどはもう一匹欲しくなる……。それと似てやしない？

越路　スゴイ比喩《ひゆ》をつかうのねエ（笑）。

高峰　今度、また外国へ行けるとしたら、やっぱり巴里にきめる？

越路　うん、もちろん。だけど南米にも行ってみたいなア。そう云えば、あんたのこと、とても感心しちゃってるの、私。

高峰　なアに、いきなり。

越路　巴里で半年もひとりでホテル住いしたということよ、あんたが。感心しちゃった。私みたいな寂しがりやは真似できないことよ。

高峰　そりゃア寂しかったのよ。巴里で女の一人あるきはパンパンと間違えられるしね。

越路　そうでしょう。だけど、それをよく辛抱したと思うわ。あんたの『巴里ひとりある記』を読むと、そういう寂しい味がとてもよく分るの。私は、舞台の上の孤独な味って、とても好きなンだけど、旅行したりするときは、どうも駄目ね。何ンとか伝《つ》手《て》をもとめちゃって、頼っちゃうのよ。

高峰　あんたには歌のたのしみがあるもの、それで慰さめられるでしょう？

越路　でも、シャンソンはあまり勉強しなかったわ。シャンソンというのは、やっぱりパリジャンの生活、歴史、伝統の深いところから根を出しているンだな、ということが分ったら、ただ感心してばかり聞いてはいられなくなったの。日本では、やはり日本的なシャンソンを育てなければと思うのよ。

高峰　それは、私も同感よ。

越路　それに私の性格が意固地なのかな？　フランスの人間的な味にふれると、その反対に、パサパサに乾いたアメリカのような機械的な味に触れたくなるのよ。つまり、こうだ、とはっきりきめつけられるのがいやなのね。

高峰　そういう気持分ってよ。人間ってみんな意固地なのよ、きっと。それで、たのしいンじゃないかな？

越路　そうだよ、そうだよ、それでいいンだよ（笑）。

高峰　だけど、ほんとうに肥ったなア。あんた……

越路　（高峰さんの肩を叩いて）またそれを云う！（笑）

高峰　イタイ、イタイ、ああ、痣になっちゃうわ（笑）。

越路　じんましんの傾向があるの？（笑）
高峰　そうかもしれない……。
越路　ほんとうに、そんなに肥ったかしら？　気になるなア。
高峰　でも、肥って綺麗になったンだからいいわ。
越路　ありがとう。慰められたところで、そろそろ失敬しようかな（笑）。
高峰　お茶漬一杯ご馳走になって行かない？
越路　うん、賛成賛成。ああ、これだから肥っちゃうのね（笑）。
高峰　それだけ気にしてたら、またやせるわよ（笑）。

（『スタイル』'53年9月号）

絹代・五十鈴・秀子芸談

高峰秀子（33歳）
田中絹代（47歳）
山田五十鈴（40歳）
津村秀夫（50歳）

津村　今日お集りになった三人の方々には、演技の勉強でも、それ以外でもいろいろと苦労があったわけですね。五十鈴さんの場合、あなたが一番困られた、一番自分でどん底だとお考えになったのはいつごろですか。

山田　役者として仕事の上で悩んだのは、新興キネマの時代です。第一映画でいい作品ばかりやりまして、あれからあとの新興キネマの時代、役者としてもうだめなんじゃないかと思いました。

津村　第一映画の時代はわずか一年半くらいですか。

山田　ええ、でもその間に随分いいものに出させて頂いて……。

田中絹代（たなか・きぬよ）一九〇九―一九七七
女優。二四年、松竹入社。「愛染かつら」が大ヒット。溝口健二監督とのコンビで、「西鶴一代女」など。日本初の女優監督として「恋文」など六作を発表。晩年の「サンダカン八番娼館　望郷」でベルリン国際映画祭最優秀主演女優賞。

山田五十鈴（やまだ・いすず）一九一七―二〇一二
女優。三〇年、日活入社。出演作に「仇討選手」「盤嶽の一生」「浪華悲歌」「祇園の姉妹」「鶴八鶴次郎」「薩摩飛脚」「蜘蛛巣城」（芸術選奨文部大臣賞）など。舞台、テレビドラマでも長く活躍した。文化勲章受章。

津村秀夫（つむら・ひでお）一九〇七―一九八五
映画評論家。「朝日新聞」記者として、〈Q〉の筆名で映画批評欄を担当。主な著書に『映画と批評』など。

津村　新興キネマ時代というのは期間にして二年くらいですか。

山田　もっと短かかったと思います。いいお仕事に恵まれないので、いたたまれなくなって東宝にかわったのです。かわった初めが『鶴八鶴次郎』でした。まだ新興にいるときにあの本を見せられて、東宝に来ないかと言われたのですが、あの時分会社をかわるということは大変な不義理だといわれるので、なかなか簡単にはかわれなかったのです。義理人情に縛られて……。当時永田（雅一）さんが新興キネマの撮影所長におられたわけです。永田さんには小さいときからお世話になっているので、東宝へかわることはつらかったのですが、本を見ましたら出たくて出たくて矢もたてもたまらない。そうなったら不義理も何もなくてがむしゃらに東宝へ出てしまったが、かえってその方が私のためにはよかったんではないかと思います。

津村　しかし東宝時代にははたから見ていると、山田さんは非常に大スターで、仕事の上では安定しておられたけれども、する仕事はあまりいい仕事ではなかったな。僕はこういう悪口を書きましたよ。東宝は山田五十鈴の使い方を知らない。山田さんを成長させていくというのではなくて商品として使う。

山田　専属ですから、そういう悪い意味での便利な使われ方をしていたのです。

津村　あなたの生涯で東宝時代というものが一番長いですか。

山田　五年契約でしたからずいぶん長かったですね。

津村　数は多いけれども、案外に監督さんに恵まれなかったのだな。五十鈴さんにぴったりした人は割合に少なかった。だから戦後、あなたがほされた時代は苦労された時代かもしれないが、『現代人』以後、その方がいいのではないですか。

山田　そうですか？

津村　『現代人』の年に『箱根風雲録』もありましたね。

山田　ええ、あの年はいい映画に出させていただきました。

津村　毎日映画賞の女優賞をもらったのはその前ですね。昭和二十七、八年ごろかな。

山田　二十七年度で二十八年の受賞です。

津村　『現代人』以後『猫と庄造と二人のをんな』であるとか、『流れる』なんて、よくなりましたね。

山田　わが生涯の最良の年でした。『猫〜』と『流れる』は、役者としてもって銘すべし、当分いい仕事をしなくてもあきらめられるくらいな喜びでした。

津村　山田さんというと第一映画の『祇園の姉妹《きょうだい》』と『浪華悲歌《エレジー》』。しかしいつか山田さんとお目にかかったときにお話ししたが、初期のものでは『白夜の饗宴』は忘れられない。

山田　確かに昔の映画は作品としていいものが多かったことは事実ですね。

津村　試写で見のがしたから杉山（静夫）君と二人で浅草でやっているというので大勝館かどこかで見て、山田五十鈴という女優はいいねと二人で話をしたことがいまだに忘れられない。十七、八できれいでしたね。

山田　あれは本がおもしろい本でしたし。

津村　マキノ雅弘さんのものとしてはなかなかいいものだったね。もう一つ、溝口（健二）さんが生きている間に一ぺん撮ってもらいたかったね。第一映画のとき以来、何かありましたか。

山田　松竹で『名刀美女丸』。

津村　溝口さんの非常なスランプ時代だったというが、あれは溝口さんとしては出来が悪かった。どういうわけだね、めぐり合せが悪いのかもしれないけれど。

山田　パージのなせるわざでね。

津村　大映パージだね。

山田　大映が私には一番きつかった。

津村　あの事件の真相は……。

山田　つまり私は共産党とは関係がないという声明を新聞に――ほかの方も二、三なさったのです。それを私にも出せとおっしゃったのです。私、別に党員でもないのだし、かえってそんなことを出しておかしいじゃないですか。何でもなければ何でもないでいいじゃないですか。独立プロの人とつき合っているから赤と思われようと思われまいとかまいません……と。こちらも意地になりまして、お仕事の上ではそういうことにかかわらず仕事したいと言ってがんばったために感情的になったのです。感情的な問題だけが残ったのですね。

津村　独立プロの作品に出られたわけですね。

山田　仕事に魅力を感じましてがんばって出ましたものですからますます変にこじれたのですね。それで何年かパージになってしまって。ばかみたいな話ですけれども。ちょっとした感情的なもつれというものは何年も尾を引くものですよ。

津村　そのころは貧乏で、苦労されたわけですか。

山田　ええ。パージになって今まで五つの会社で働いていたのが一つの会社だけしか働けないとずいぶんこたえます。独立プロは貧乏ですから。今でこそちゃんと出演料を出すようになりましたが、そのころはあまりいただけないですから、独立プロへ出るだけでは生活は豊かにはならないわけです。

津村　五、六本はお出になりましたか。

山田　ええ。東映と松竹がぼつぼつ使ってくれました。

津村　田中さん、あなたで言えばアメリカからお帰りになったころが一生涯の中での危機ですね。一番どん底ですか、一番こたえたですか。

田中　やはりどうにもならないというところでしょうね。映画生活の中で。

津村　若いときの苦労のことは大したことないですか。

田中　今振り返ってみますと、そのときは大したことだったんですが。人間過去の苦労というものは大へんな苦労でしょうけれども、だんだん年とともに苦労も増してくるのではないかという心境ですね。

津村　だけれども、結婚生活に失敗したということがこたえたのではないですか。

田中　それも私の場合は大人になっていないんです。十六ですから、今の年でいえば、まだお人形さんを持っておりました。人の奥さんになった感じはないですね。今から三十三年くらい前です。

津村　やはり若さの元気があるからそういうことはあまりこたえないんでしょう。

田中　それに私の場合は、今考えると、上に栗島（すみ子）先生、川田（芳子）先生と大スターがずらっとおりましたから、どうなることかと思いましたね。

津村　今は本数契約の人が多いから何だが、専属で先輩の女優さんというものは、昔の中学校の上級生みたいなもので、おっかなかったでしょう。

田中　ああなると一社が家族制度、いいとことか何とかいうことになるでしょう。みんな先生には違いないけれども、お兄様であり、お姉様であり、お父様である。そこへ持ってきて封建的な時代でしょう。いい意味での規則正しい教育ですね。

津村　そのころは。

田中　専属とか何とか。映画界というものはこういうものだという……。

津村　あの当時、フリーなんかは不安定で気持が悪かったんじゃないですか。

田中　一つの学校ですね、家族制度を言いかえれば。当時スターを養成するのに一組ずつ分けた。撮影所の中の専属制という、一つのコンビとして。そういう意味では私なんかの時代は大へん得をしたことになるのではないですか。自分のスターを作るということでは先生方自身、一つの競争でした。それは持続しませんでしたけれども、ある時期にはそういう時代がありましたね、演技者を養成する……。

それで忘れもしません。いろいろスターを作るのがはげしい時代がありましたね。城戸（四郎）所長さんの時代にとうとう爆発したことがあるのです。一応スターの座を占めますと、会社側はちょっと役でもすべてが安心するのです。それで他の方へ拍車をかける。それが川崎（弘子）さんだったんです。好敵手というのですか、全盛の時代……。とにかく私は川崎さんにうらみがあるわけではないですけれども、あまりにスターの座が大きく、この私が忘れられてしまったのです。とにかく私というのは何か若いときから、よく代役をさせられましたね。第一候補ではないのですね。そういう面でかえってあとで運がよかったと思いましたが。はげしいのは一本の作品で二役いたしました。最初から私の役でなくてある方の役、その方がだめになって、では田中ということになって出ました。そうすると今度妹役をする人が倒れました。そうすると前篇をとっておりますのに今度こっちでやれと、前篇、後篇に姉と妹役の両方に出ました。封切はいたしませんでしたが、それは殆ど撮り、島津先生の作品でしたからまた撮り直しでした。もう一ぺん最初から。

津村　しかしそれは順調の方なんですよ。言いかえれば田中さんの人生を歩く歩き方の堅実さですね。やはり役者も才能が第一だけれども、無声映画時代から今までの間に幾多の変遷があって、その中を生き抜いて来たというのは才能だけではない。長年の忍耐力もあるし、身を誤まらないように自分でかじをとっていく思慮の深さもあって、二十年三十年という年月を積み重ねた力というものはまた別だね。落伍する人はどんどん落伍していくのだけれども。だから五十鈴さんなんか非常に奔放な行き方をするように見えるけれども、やはりじっと見ているとちゃんと役者としての本分であるレールをはずさない。最後には役者というものを一番大事にしている。一番大事にしているから実生活においていろいろ犠牲を払うけれども、結局最後に生き抜いて来られる。

津村 高峰さん、やめるなんて言っているが、ほんとうかね。

高峰 どうでもいいんです。ほすならほされてもいい。どうせ一年に一本か二本でしょう。大体ずいぶん昔の話になるのだけれども私は余りにも小さいときからやっているわけでしょう。山田先生や田中先生は物心がついて自分の判断でお入りになったけど、私は赤ん坊のときから入っているから。気がついたときには二十過ぎている。自分のいる場所というものはこういうところで、周りはこうでと、はっきり気がついたときには自分が果してその中に似合う人間かどうか……、私は与えられた天職だなんて考えない。自分は自分というものがあるはずだが、見きわめるひまもなく二十近くなってしまった。一生女優で、赤ん坊のときから女優してそれがよほど好きなら何だけれども、自分というものがほかにあるのではないか、ほかの自分というものはわからないけれども、そういう第三者に私あこがれるんですね。人間に生まれたらちょっとの間でも自分の生活をしてみたい。それにとてもあこがれる。

私には子役時代はあっても子供時代というものがない。お母さんに甘えたこともないし、連れ立って動物園に行ったことも子供同士で遊んだこともない。四つのときからセットに入りきり。それではあまり自分がかわいそうだ。抜け出したいという気持とも違うのです。仕事をやっているときには人よりも一生懸命やりたいと思っておりましたけれども、これが自分の全部ではないと思っていたわけです。この世界ははかない世界で、ここからおっぽり出されたときにみじめになりたくないから、そのときの心がまえとでもいうんですか、気がついたときから始めたわけなんです。映画界だけに目を向けるということはその時からやめたのです。人見知りするし、ずかずかいろいろなところに出かけていくこともできない性格ですが、映画界というあぶくみたいなところから一人になったときに、かすも残らない人間ではろくな奥さんにもなれない。そのときの用意をしていこうと思って、偉そうだけれども、人間の一人としてそうすれば、結局その勉強さえしておけば、仕事を長くしていくときにも仕事に役立つ。芝居はそう、顔で表情していい着物を着ているだけではないから、そういう勉強をしていれば、映画をやっていてもそれが役立つんじゃないか。

いつでもやめられる覚悟は二十くらいからしていたわけです。どうでもいいというのは、自信がついたわけではないけれども、何か自分が生まれて来たのと別の生活というものがしてみたいし、あるのではないかと思うのです。それがいつまでたっても自分を女優で一生行こうという気持にならせない。それは子供のときからそういう中に入り過ぎたからあこがれるのですね。だから、やめたいと言うがやめられないじゃないかと言われると、そうだなとも思うが、やめたい気持はあるんです。大体結婚するときにやめようと思って結婚したんです。

津村　結婚というものが一つのステップなんです。やめられればやめたいし。今でなくても将来いつかはやめたいという気持から結婚したと思うな。

高峰　そうでなければ結婚なんかできない。結婚はとてもたいへんですもの。役者は一生できない。結婚は一生でしょう。

津村　それはわかった。やめるというのはいつでもやめるという最後の自由を明らかに抱いているのだね。

高峰　あこがれなんですよ。自分の女優としての限度もしれちゃったし。

津村　デコちゃん、今、戦後の作品では自分で気に入っているのは何ですか。

高峰　やはり『二十四の瞳』とか『浮雲』ですね。

津村　どっちかといえば『浮雲』でしょう。

高峰　『二十四の瞳』というのはなまいきだけれども、そんなにむずかしくなかった。老けることだけは初めてですから、あまり変なふうになっては困ると思ったけれども、何しろ木下（惠介）先生だし、おまかせしてしまったみたいな感じ。しかもほめていただいたでしょう。それまではいろいろな仕事をしても、さっきも言ったことが引っかかってもう一つ何か、俳優としては怠け者なんだけれども、自分の仕事だけが自分ではないという気持で、もう一つ一生懸命、夢中になっていなかったですね。やっているときは一生懸命になるのですけれども、かじりついていたいというふうには思っていなかったんです。

『二十四の瞳』でほめてもらって、あの場合自分としてはそんなに特別いつもの仕事と変っているところはないと思っていたわけです。それから『浮雲』になってそれでは自分のできる範囲のことは全部やってみましょう、だめだったらやめてもいいと思ってやった。『二十四の瞳』も一生懸命やったけれども、もう一つ大げさだけれども、捨身というのですか、どうでもいい、これ終ったら悪ければ悪いでもいいし、よければよいというような気持があったんです。そういうふうに思っていた『浮雲』が、シナリオや何かとそう離れないと思ったのです。普通の役で満足してしまう役と一生懸命さが違うんです。

津村　ある意味では今までの惰性ではなくして。

高峰　自分のものとしてやってみようという……。キャメラがあるということが不思議でした。『二十四の瞳』もそうですけれども、芝居がむずかしいとか何とかではないと思った。風景の中に入るということが――子供と風景、その中で飛び離れたら自分はだめであると思った。あの中にいかにうまくとけ込むかということで、「おや、キャメラがある。写されているのか」という気がした。『浮雲』がやはりそうでしたね。何十年仕事をしていても、キャメラを見るといい気がしない。ライトがどうとかしたとかNGが出た、もう一ぺんとか言われると、へえ、と思うんです。自分は自然のことをしている。それを向うが勝手に写しているってかんじ。『カルメン故郷に帰る』なんかはおもしろかったし、好きですけれどもあくまでキャメラを意識してやってました。

津村　山田さん、戦争前の仕事の上で何か目を開かれたように感じられたのは何のときですか。やはり『祇園の姉妹』だとか、『浪華悲歌』のときですか。

山田　女優を一生できないまでも何年かやってみたいという欲がついたのは、やはり溝口先生の作品に出たときですね。

津村　溝口さんに指導されて教えられたことで一番きもに銘じたことはどういうことですか。

山田　それまでの私の与えられていた役というのは、人間を描いてなくて、新興のものにしてもその前の日活のものにしてもただ美しくて若い、平凡な娘ばかりやりましたし、内容も芸術的に高いものにあまり出られなかったでしょう。そういう意味で『浪華悲歌』に出て、初めて溝口先生の、あの女の人間性を追求してらっしゃいますでしょう、それをやはり私が感じたわけなんですね。役者というものはどういうふうに人間を作り上げていくのか。自分とは別な人間をどうして作り上げていくものかということがやっとわかりました。それまでに何年か映画界にいても、そういうことがわからなかったんです。

津村　『祇園の姉妹』と『浪華悲歌』のときには溝口さんに叱られましたか。

山田　叱られるどころか、五、六十回のテストはザラでした。「スキヤキヤなア」というせりふができなくて、それでずいぶん叱られました。

津村　二本出てみて、役者というものがわかったような気持がしましたか。

山田　ええ。おもしろいものだとも思いました。苦しい反面こんなにおもしろい仕事もあるのかと思いました。

津村　東宝時代、あなた御自身好きな仕事は何ですか。

山田　『女優』という映画が好きでした。松井須磨子の……。

津村　ただ見ていて相手役がプロじゃないでしょう。だからちょっとやりにくいように見えたけれども。プロでもアマチュアでもないし。

山田　よかったとか悪かったとかいうことは抜きにして、あの映画ではずいぶん苦労したからね。

津村　最近のものでは……。

山田　やはり最近のものは好きですね。それに私は忘れっぽくて今やっている仕事とかついこの間の仕事はとても印象的ですが、前のはあまりよく覚えていないのです。特別に苦労したのは覚えていますが、割合に忘れっぽいんです。

津村　『流れる』とか『猫と庄造と二人のをんな』なんか、あなたの役どころはあまり変らないが、『蜘蛛巣城』はちょっと新しい役だね。

山田　とても好きな役でした。

津村　殿様をそそのかすときに殿様の方を見ないで、背を向けてすわっているところはなかなかおもしろいと思ったのですが……。黒澤（明）さんの御註文ですか。

山田　ええ。位置は全部黒澤さんの御註文です。

津村　お能の味を多少入れることにも註文が出たのですか。
山田　初めての読み合せのときにね。
津村　ちょっと珍しいですね。時代物は時代物でも。
山田　あの役はそう何度でも来る役ではないし、そういう意味でとっても好きなんです。
津村　今までの溝口流の行き方で言えば、それで育ってきたのだけれども、『流れる』にしたって気持から先に出る芝居だが、気持もあるが、形が非常に格調の高いもので。
山田　一生懸命取組んだのですが、むずかしかったですね。
津村　今の『どん底』はどうですか。
山田　もう今のところ夢中でやっております。病気しまして一ヵ月休みましたため、皆さんリハーサルを長くやっていらっしゃるが、私、なおってから四日くらいしかお稽古をしておりませんので……。皆さんに追っつけるかどうかわからないので――皆さんはまるまる一ヵ月間、こちらは四日のリハーサルで、皆さんがあまり積み重ねてお稽古をなさった中に入ってバランスがとれるかどうか、それが心配で……。
津村　山田さんの役は築地小劇場で東山（千栄子）さんがやった役ですか。

山田　『どん底』のワシリーサですか、そうだったと思います。

津村　去年が一番最良の年ですけれども、あれだけの大作に出てほんとに役者というものがおもしろくなったようになりましたか。

山田　若いときはおもしろいですけれども、このごろは苦しみの方が多いですね。あとでああもすればよかった、こうもすればよかったと思いますしね。その苦しみの方が大きいですから、与えられた仕事として去年は最良の年なんですが、自分のやった演技についてはどうもね……。

津村　若いときの方が何が何だかわからずおもしろかったんですか。

山田　今よりもっと楽しんで出来ました。でもこれからどうにかなるのではないかしら。来年は一ついい芝居を……とそう思うから、何時《いつ》までも役者が出来るのですね。

津村　高峰さん、五つのときからキャメラの前に立っていたのに、パリから帰って来て、キャメラがこわくてしようがないことは全然変ですね。

高峰　そのときに自分がいかに一生懸命やっていなかったかということがわかりました。つまらないことでも覚え方が、いかにその場限りの覚え方をしていたかということがよくわかりました。

津村　気持の転換というか、キャメラを意識するような役者根性をある意味で乗り越えたのです。久しぶりにキャメラがこわい。何だか素人のような気持になってこわい。

高峰　移動なんかでもレールの上に移動車を乗っけて動くわけです、うちは。どっかで見ているわけです。目はまっすぐ見ていてもちょっと向こう側が動いたから動く。そのうちテンポが出たら歩く。そうしてセリフ。こんなつまらないことでも忘れてしまって、どんどん歩けというのでかってに歩いちゃう。頼りないな。私はこんな小さい事をよくも覚えずにやっていたのかなって。いろいろ経験しました。

田中　女優をやっている間は途中で一年なら一年、二年なら二年しばらく隠退という意味ではなくて、無になってみたいと思うことがあるのです。こう長くやっていたのでは少し頭を入れかえる意味で一年か二年――静養という意味ではないですけれども、ちょっと遠のいてみたいと思います。しかしやはりやれないのです。

高峰　甘く見てはいけないし、そういうこわいものがありますね。

津村　十四、五のときから働き詰めでしょう。ほとんど休めたということはないでしょう。

田中　アメリカへ行ったときだけです。

津村　二十年やってもこわいものかな。

田中　このごろ、年中とりませんから一ヵ月でも二ヵ月でも休みがありますが、精神は現場にいると同じなんです。休んでも休養にならない。それがわれわれの一番やりきれないところです。この映画界でそういやなことはございませんけれども、とにかくいつまで自分の座が続いてくれるか、もってくれるか、いつ背負い投げを喰うか、絶えずそれだけですね。

高峰　私はずっとやってみて、結局つかず離れずということが何にでも一等いいなと思う。親でも夫婦でも仕事でも、つかず離れず、と思いましたね。

津村　そのコツがわかって来ましたか。

高峰　あまり夢中になってもいけないし、離れてもいけないし。

田中　そのころ合いというものなんです。

津村　アメリカは半年？

田中　三ヵ月なんです。

津村　芝居をしてみて調子が出なかったでしょう。

田中　そうです。一挙には出せるものではありません。だんだんたたなければ。

高峰　フランスやアメリカへ三ヵ月行ってうまくなって帰って来るなら、だれでも行きますよ。借金してね。

田中　向うの映画界の状態なんかはわかりますが、さて自分がどうするかということは、日がたってですよ、日がたっていかないとそれが果して出るか出ないか……。

津村　しかし田中さんのアメリカよりも高峰さんのパリの方が気分にゆとりがあったね。

田中　単独でなくてかみしもをつけていましたから。スケジュールだけでも、とにかく三時間休めばいい方なんです。

高峰　私の場合は向うで一人で、おかしければ笑っておればいいし、さびしいなら泣いていてもいいし、一人になっても外国で暮せるものだということがわかりました。

津村　えらいものだね。

高峰　大きな古めかしいアパートにいたんです。バカンスというんですけど、夏休みになると門番までいなくなってしまう。エレベーターはとまってしまう。私一人きりでそこにいたのです。鍵一つ持って。こわかった、一ヵ月半くらい。自分が東京におればうるさいくらい人が周りにいるけれどもバカンスからみんないなくなってしまった。掃除も、くもの巣が張って来たからほうきを買いに行った。字引を引いて食べ物も自分で買うわけです。夏休みにはそれこそ猫も犬もいなくなってしまう。かぜをひいて寝込んだときはだれも食べさせてくれない。三日間食べずにいてお腹がすいてはうようにして買いに行きました。それで一人でもそういうふうに暮せるものだと思いました。それで日本に帰って来たら、天井が高くなっている気がするのです。小さいことを気にしてもしようがない。大きな国があってずいぶん人もいる。その中の一人だからゴミみたいなもので、気が大きくなってしまう。

津村　高峰さんは森繁さんと芝居をしたことはありますか。

高峰　『渡り鳥いつ帰る』。

田中　私も御一緒でした。

津村　森繁さんと対談のときにあなた山田さんと顔が合ってどう思ったかと私が言うと――碁打ちというのは相手が最初の一石を置いたところで手のうちがだいぶ相当なものか、下手なやつか、ざるかどうかわかる。私は山田さんと初めて初日に芝居をして、これは有段者だと思った、と森繁が答えた。僕は笑ったのだけれども、その有段者という言葉はおもしろいでしょう。僕から言えば山田五十鈴というものは映画界で有段者ということはわかっている。しかし有段は有段者だが、高段者だと思ったというのならわかるけれども、有段者だと思ったというのなら、それは当りまえのことなんだ。僕は何も言わなかったけれども、日本の女優の中で山田五十鈴に段があるのはだれだって知っておりますよ。これは大へんな高段者だと思ったというならわかるけれども……。彼は悪い意味で言っているのではない。本気にまじめに感心して、私は初日で参りました、これは偉い有段者だと思った、と森繁が言うわけです。それは本人は気がつかないで言っているが、実におもしろかったな。

田中 お相撲と同じです。私そう言われまして感じました。初日の日に森繁さんにのまれました。見当もあることですが、これはと思いました。最後まで仕切り直し仕切り直し、のまれっぱなしでした。これは田中の告白だと言っておいて下さい。そのときの仕事から来る役とか、いろいろなものがあるわけですが、自分の心構えが何かのときにフッと初めて開いて同時にぶつかったときに、のむかのまれるか、あとで最後まで引かれっぱなしでいくか、こちらがひっぱっていくようになるかというそういう気持がありますね。変に言うとなまいきのようですけれども。私はいつも最初がこわいのです。そうなると……。

高峰 三国（連太郎）さんは有段者ですか。

津村 これは有段者とかなんとかいうのではなくて、不思議な力をもっている。『異母兄弟』の三国君は、私はなかなかよくやったと思いました。

田中 今までのうわさを聞いておりまして、撮影に入る前に四方八方こちらもふだんから検討しておりました。何となく仕事を離れての性格とかから……。始めにとけ合ってなければ、とても最後まで――あちらもお苦しみなんではないかと思いました。でもなかなか想像していたのと全然違った……。

津村　想像していたほど戦後派ではなかった。

田中　戦後派ではないです。御当人も言っておりましたけども、大へんむらっ気が……。

津村　三国君はヌーボー式だから顔には出さないけれども、『異母兄弟』のキャストがきまりましたら、向うでは大へんなことになったと気に病んでいましたよ。向うの方が実は考えていたに違いない。大変な有段者としなければならない……。

田中　あの役をいかに自分がやるかということで一ぱいでした。

高峰　三船（敏郎）さんという人は犬がてれたような顔をしてしまう。ほんとうにまっかになってしまう。だからこっちもてれてしまう。もう顔なんか見ない。

津村　本当にてれ性なんです。

高峰　ラブシーンでなくて普通に話しているときでも、高峰さんの方をまっすぐ見てといっても――何でもないときにあわててつまずいてみたり、てれくささのあまりとんだりはねたりするのですね。わめいてみたり。三船さんという人はどうしてもシェパードみたい。

津村　森雅之さんのうまいと思うのはどういうところですか。

高峰　やはり雰囲気があるということと。目を見ても芝居してられるけど。目を見てもどうにもならない人がある。御協力出来かねますといいたい人がある。

津村　田中監督はどうお考えですか。

田中　二本出ていただきましたが、自分がこっちに立って見て大した方だなと思いました。すばらしい方ですね。

高峰　どうして森さんの飛び抜けた上手さを問題にしないんだろうか、不思議なんです。『浮雲』だって森さんだからできたのです。

田中　『あらくれ』の森さんもよかった。

津村　一番森さんに向かない役なんですがね。インテリが得意で、ああいうものは不得手なんだけれども、それが一番うまい。

高峰　ああいうふうになるのは大へんだな。

津村　やはり役者は雰囲気を持ってないと芝居をやることになりませんよ。

高峰　そんな人だと耳を見てしまう。耳の方がましだ。両側についてるからどっちか見ることにしてます。

津村　森さんは『楊貴妃』がよかったな。『楊貴妃』の場合は舞台の経験があるということが特にプラスになった。有段者ではあるけれども、今の男優の二枚目をやらせては高段者の方ですよ。ミイちゃんハアちゃんには向かない。しかしちょっとむずかしい役だったら森雅之ということになる。

田中　『あにいもうと』で、成瀬巳喜男先生に監督見習で出していただきましたが、撮影中にびっくりしてしまった。今まで御一緒にやって上手だと思いましたけれども。こっちが逆に拝見しまして、ほんとにおそろしい方だと思いました。

（『キネマ旬報』'57年9月上旬号）

漫才夫婦の泣き笑い人生

高峰秀子（34歳）
ミヤコ蝶々（38歳）
南都雄二（34歳）

ミヤコ蝶々（みやこ・ちょうちょう）一九二〇―二〇〇〇　女優、漫才師、タレント。父親の始めた芝居一座で座長を務めた後、吉本興業に入社、上方トンボ（南都雄二）と夫婦漫才コンビを組む。五五年にスタートしたラジオ番組「蝶々雄二の夫婦善哉」は、テレビに移り二十年続く。舞台芝居でも活躍。紫綬褒章、勲四等宝冠章受章。

南都雄二（なんと・ゆうじ）一九二四―一九七三　漫才師、俳優。郵便局勤務の後、ミヤコ蝶々の弟子となり、漫才コンビを組む。宝塚新芸座で舞台俳優として活躍。映画では、東映や大映に出演、勝新太郎主演の〈悪名〉〈兵隊やくざ〉シリーズではレギュラー出演。蝶々・雄二で第十一回上方演芸の殿堂入り。

勝手のちがう映画と舞台

高峰　二対一は初めて。とってもかなわない。

雄二　ご主人連れてきやはったら？

高峰　ウチのご主人はだめです。十人ぐらい集まらないと一人前に足りないんです。私もそんなにおしゃべりじゃないんです。商売だから、何か口きかなくちゃ困るもんだから、だんだんにしゃべるようになってしまって……

雄二　人見知りのほうですか。

高峰　そうですね。

蝶々　私たち、こんな商売していて人見知りなんておかしいですけれど、やっぱり……

高峰　舞台の上からお客相手のときと、また別ですね。一対一で話をするというのは……

蝶々　私たちも実演やっとりますが、お客はなんともないのに、時々映画に出てみますと周囲の方が気になりまンねン。

高峰　見ている目がちがいますからね。撮影のときのスタッフやいろんな人は、何かミスがあっちゃいけないというような目で……

蝶々　楽しんで見ているのとちがいますさかい……

高峰　いやなもんですね。自分が仕事に入りきっているときはどこから写されても、スタッフが大勢いてもちっとも気にならない。かえって、人が大勢いるし、ああ撮影なんだなあと思うときがあるくらい。でもそれは何年に一度かのことで、あと、自分が中途半端で、脚本がよく読めてなかったり、セリフがよく入っていない、性格もわからない、というようなときには、キャメラの回りの人が気になってワンカットごとに、そういう人たちの目が意地悪く見ているようで、不安な気持でいる自分を見すかされるようでいやですね。撮影のときだれもいないようにならないものですかね。

蝶々　目の前であんまりウロチョロせずにね。

ふんいきを作ること

高峰　昔はスタッフというのは、ふんいきを作るということを大事にしたんです。泣いたりなんかする場合、深刻な場合なんか監督さんが静かにしろといわなくともみんな、いっしょに泣いてくれるわけじゃないけれど、こっちの気持がわかってくれるのか、そういうふんいきができましたね。このごろは契約者が少ない……日雇の人が多いんですね、だから何かとっても、そういうところが思いやりがないというか、協力の仕方がバサバサしちゃうんです。ふんいきは大事ですね。稲垣（浩）先生なんか「無法松の一生」で深刻なところでは「ちょっと静かにしてくれよ」なんておっしゃって下さる、それで随分違いますね。

蝶々　お芝居なら一時間なり二時間の間、キチッとやるでしょ。映画の場合ここがヤマだな思うてヤッてると、ヤッてる間にお食事いわれまっしゃろ。一ぺんお食事してしまうとおなか大きくなって眠とうなってさっきの気になれしまへん。

高峰　そう、せっかく頂点へきているのが、一時間なりの間にプツッと中断される。やっぱり映画はカン詰工場みたいなわけにはいかないですよね。監督さんによっては、役者の気分も乗っているし仕事も固まってきているから、ここでストップして食事にしちゃうとぐあい悪いと思って、そのシーンだけ撮っちゃおうという監督さんもいます。そんな時、いまは半分日雇の人がいますからね。なんだハラへっちゃうじゃないかっていう人と、二つに分れちゃう。映画って、工場とか事務所のそういう仕事とちがいますね。

「名優は泣かん」

雄二　涙もろいほうですか。

高峰　私ですか……ええ涙もろいほうでしょうね。

雄二　すぐ泣けますか。

高峰　そうはいきませんよ。撮影でも一度は泣きますね。でも一度以上は絶対涙は出ないものですね。泣くということをとても訓練して、泣く方もいらっしゃるけれども、私はだめですね。

雄二　よくいいますね。お客さんは泣かして、自分は泣いちゃいけないって……

高峰　ワァーワァー泣いたら、せりふも聞えない。鼻声で……。だから撮影のときはその人になって泣けるときに写してもらえなかったらだめですね。本番の前が一番いい。本番になってカチンなんてたたかれると緊張が先に立っちゃうんですよ、芝居をまちがっちゃいけないというような気持がじゃましちゃうんですね。

蝶々　私らうまくできるできないより、まちがわんといい思いますね。私いま、新宿コマ劇場で「愚かなる母」いうのやってますねン。これが泣かなければいけない芝居で、私、涙腺が悪いのか、すぐ涙が出ますねン。梅コマ（大阪梅田コマ劇場）で八十回やって、その間に涙の出なかったときが四、五回ぐらいでしたかね。涙腺ゆるいのと違うのかいな（笑）、するとこの人（雄二さんを指して）が「名優は泣かん」いわれますのや。

気分が乗らない映画

高峰　お芝居は、前からの続きで自然に感情が乗っていきますが、映画のほうは、こまぎれでそうはゆきませんから涙腺がゆるまないですね。

蝶々　お芝居のほうはほっといても流れてゆくさかい、気分が乗りますけど、映画は途中で「お食事、お食事」いわれますさかい（笑）。映画いうと何か食べてばかりいる（笑）。

高峰　そうじゃなくとも、ワンカット終って、われに返ってウチワかなんかでバタバタあおいだりすると全然だめですね。

蝶々　映画に出はじめのうちはカチンという、あれが鳴る前にどうしても飛び出してしまう、待っていられません。このごろはあの音がしなければ出てはいけないのだなということがわかりました。

高峰　カチンコの鳴る前に気持を作っていてもあの音がするとね。あれは助監督さんの一番下の人が打つわけですが、とくにさっきのように思いやりというんですか、マイクロホンが近いかどうか、そういう関係もあるけれども、思いやりがあると打ち方も違いますね、遠ければバッチャン（大きな声で）、アップなんかのときはチョン（小さな声で）と打っても入ります。そういう思いやりのある人とない人で役者はずいぶん違います。アップか何かで涙を流す場面で、目薬をさして、いまにもあふれそうになっているときに、目の前でバッチャンなんてやられて、白墨の粉がパーッと飛んだりすると涙のほうは落っこっちゃう……（笑）

蝶々　やっぱりお芝居のわかる方がいいですね。

高峰　そういうセンスのある方とない方でちがいます。

蝶々　舞台でも同じですわ。悲しい幕切れなんか、ライトしぼるときも、余韻を残してスーッとしぼってくれはると非常に感じがいい。

「夫婦善哉」の人たち

蝶々　いつか、何かの本で見ましたけれど、あの、私どもの「夫婦善哉《めおとぜんざい》」お聞き下さいますとか……（朝日放送制作、ニッポン放送ほか十二局で放送、毎週月曜夜九時半から十時まで。）

高峰　あれは松山といつも楽しみにして、いちど出ようかなんていっていたんです（笑）。

蝶々　ぜひ出てもらわんとあきまへんな。

高峰　だいたい、あの番組に出られるご夫婦は円満ですね。あの番組聞くときは、日本も楽しいですね。ニュースやルポは憂うつになりますからね。あの番組だけが、ちゃんとウソじゃない人たちでしょう。日本もなかなか楽しいなあと思いますよ。

蝶々　あの司会やって三年になりますね。ずいぶんご夫婦の方と会いましたけど、いろんな夫婦というものがあるもんですね。ご夫婦が初めて会うときもちがいますし、ほとんどがダンスホールで会ったとか、電車の中で会ったとか、町で荷物を落したのを拾ってあげたので結婚したとか、ほんとうに初めのなれそめというもんはおかしいですね。

高峰　大事件はめったにありませんね。一目見たとき好きになったのよ、という歌があるけれども、そういうことでしょうね。あれ聞いていると大恋愛というのはありませんもの、どこか虫が好くんですね。

蝶々　よくお友だちの恋人紹介されて自分が恋人になったいうのがありますワ（笑）。

高峰　ちょっと困るな……（笑）。

蝶々　前回の出演者でしたか、恋人の下宿先へ遊び行ってる間にそこの娘さんとできてしもうて（笑）。紹介も、うかうかできしまへんワ（笑）。どこでどないなるかわからんもン（笑）。

高峰　どうも分が悪いけど女のほうが図々しいようですね。

蝶々　だいたい大阪の市民ですからね（笑）。

高峰　それを断っていただかないと……。

女のほうが度胸がある

蝶々　それと「ウチの家内は人前でしゃべったことない」とご主人が気を使うてはるけど、出てみると奥さんのほうがハッキリしてますワ（笑）。

雄二　「ウチのこいつは全然しゃべらんですから、肝心なところはぼくがしゃべります」なんていうて、肝心なとこは奥さんのほうが落ち着いてましてね、だから女のほうが度胸がある……。

蝶々　悪くいうとあつかましい（笑）。

雄二　だからキザないい方は男の人のほうが多いですワ。たいてい「これがほれたんです」男の方はそういいます（笑）。

高峰　男のほうからほれたとはいいませんか。

雄二　いわんですね。

蝶々　一度、非常に若いきれいな奥さんで、どこからみてもお嬢さんとしか見えしません、旦那はんがまたおとなしい人で、奥さんのことが心配で心配でしようがない。何か共かせぎやらはって奥さんも勤めに出てる。そうすると奥さんの課長さんか部長さんが奥さんを誘惑しましてな、どっかへつれ出そうとしたんです。それで旦那さん会社へ怒りに行きまして会社辞めさせたんですワ。いま奥さん家に置いてますねン、だからあんなきれいな奥さん家に置いといて心配やないかいいましたら「そやから隣の奥さんにたのんでますねン」（笑）。

興奮して姑の悪口

高峰　猫みたいですね（笑）。

雄二　映画へ行っても、よその人が手を握る、兄弟や思うらしい。だから一番はしの席で見るんだそうや。

蝶々　ご主人が奥さんの手を握って見てる（笑）。

高峰　大体あれに出てくるご夫婦はしゅうとめさんとの関係なんかも円満なようですね。

雄二　それがあかんのがありますのや。

高峰　ふんいきでは司会がじょうずにもって行くので私はそう感じたんですけど……。

雄二　二階と下にしゅうとめさんと夫婦が住んでまして、上と下とものいわんとか……。

蝶々　初めのうちはおとなしゅうしゃべってやはるけど、だんだん興奮してえらいこといいまんねン。ご主人はかわいうてもおしゅうとめさんがいるために、どもあかん。あのお母さんだけはなんとかして……なんていわはります。そういうときは切ってしまいます。ですから非常に気を使います。

高峰　そんなところへ出たというれしさで興奮してよけいなおしゃべりしちゃうんですね。

大阪弁の味と東京人

高峰　東京のお仕事のほうが多いですか。

蝶々　まだ大阪のほうが多いですね。
雄二　もう東京の人も大阪弁というものにすごくなれてきましたね。
蝶々　大変にわかって下さいます。
高峰　受け場なんてちがいますか。
蝶々　やっぱりちがいます。大阪弁独特の味がこちらではまだわかっていただけません。
雄二　だいたい私たちのはほんとうの大阪弁じゃないらしい……。
蝶々　私はだいたい東京ですし、だからほんとうの大阪弁じゃないらしい。
高峰　いくつの時から大阪ですか。
蝶々　四つの時からです。けれどもしゃべれるころには大阪でしたが、お父さんが東京弁やさかい、まぜこぜな言葉ですね。大阪弁独特の味いいますと「いうてこまっしゃろ」とか。
高峰　「ざんない」なんていいますね。
蝶々　「ざんない」いうのは「みっともない」という意味でもあるし「ひどい」ということでもあるし、東京にはないですね。
高峰　「きたならしい」というのではなくて、ちょっと愛敬がありますね。

雄二　マージャン負けて「あいつざんない」という場合もあるし、非常にひどい、みっともないこと、人前で鼻かんだりすると「あいつざんない」なんていいますね。

バカとアホの違い

高峰　「えげつない」ていうでしょう。あれもそうね。東京の人は意識して関西弁使う場合がありますね。「バカ」というより「アホ」というほうが愛敬があるというんでわざと使う。やわらかいんですね。

蝶々　東京の方が大阪のものをやっていて大阪弁使うときは気をつけて使わんとけったいですね。「アホなこといいなはんな」……第一アクセントが全然……。

雄二　さっきのバカとアホですがね、東京の方は「バカ」のほうがよいらしいです。「アホ」というとホントにアホみたいに思うんですよ。

高峰　「アホ」のほうがやわらかいでしょう?

蝶々　大阪の言葉は悪口いい出すと、えげつないですね。非常にきたない……「何ぬかしてけつかんねン」……字で書いたらこれよりきたない言葉おまへんな。言葉でいうとサラっと聞えるけれど、字で書くと「ナ・ニ・ヌ・カ・シ・テ・ケ・ツ・カ・ン・ネ・ン」(笑)。

高峰　「なにさらす」とか、きついですね。言葉のうえで東京の人と大阪の人と受けるところがちがうでしょうね。
蝶々　大阪弁独特の味のあるお芝居やと、そこのところ変えるわけにもいきません。そこのところはゼスチュアでわかっていただくように、東京の場合は持っていきます。

夫婦げんかも商売のタネ

高峰　学校というのはありますか、漫才学校……。
蝶々　いいえ、ありません、私たち漫才というものをやらなくなってから、おおかた二年経ちますね、昔吉本興業のときはありましたけれども……。
高峰　台本でするわけですか。
雄二　そうです。アウトラインだけもらいまして、ニュースやなんか気をつけていて、そのときに当てはまるもんがあると入れるわけです。
蝶々　しかし、漫才いうもんはなるほどむずかしい。背景も照明も音楽も何もない。たいへんです。それだけにまた楽しいですけれどもね。
雄二　私ら夫婦げんかやりますさかい、夫婦げんかのネタはうまい（笑）。
蝶々　うまいですわ。映画、テレビ、放送なんでも「ここ夫婦げんか」として原因さえ書いてもろたら放っといてもやります（笑）、十一年かかっていますから（笑）。たとえば「女でけんか」「子供でけんか」「酒でけんか」いろいろ種類さえ分けてもらえば（笑）。

雄二　あのね、朝夫婦げんか二階でやって下へ降りていくと、下のおばさんが「なんでああまであやまっているのに」といいますから「商売のけいこや」いいますと「いろんな商売がありますなあ」（笑）。

高峰　私のところなんか、私が俳優、松山はシナリオ、同じような仕事ですけれど、おたがいに口出しをしないことを契約してあります（笑）。あんまり仕事は家へ持ち込まないことにしてありますけど、お宅はそうはゆきませんでしょう？

蝶々　持ち込まなきゃどうもこうも困りますわ。ですから普通の家庭の奥さんからみますと、蝶々さんところは二人いっしょでしあわせていわれますけど、私たちになりますと、やはり普通のご家庭の奥さんのほうがうらやましいですわ。朝から晩まで顔突き合わせているとせんでもいいけんかせんならん。いいたくなくとも目の前でウロウロしていますよっていわんならん、やはりご主人が会社から五時に帰って、お膳をして待っているという。

高峰　十一年でも百年でもいっしょにいたほうがいいわ（笑）。

蝶々　かくれるところがないでしょう。ちょっとの間も年中いっしょですから、いいところも悪いところもあまりにも見えっ放しでザックバランになり過ぎて、ちょっとやはりけんかする場合も多いですわ。主人にしてもまあ自由時間がほしいやろ思いますねン。そういう時間もあげたいけれども、終ったら次のケイコがある。家庭も商売の延長みたいになりまして、切換えがたいへんむずかしいと思います。

目と目が会うこと

雄二　テレビはまだお出になりませんか。

高峰　あんまり出たくないんです。なんていうか、まだおケイコが十分とれないでしょう。それに写ってもその効果が自分にはわからないし、人のしたのを見ても、なにかとっても不安なんです。

雄二　映画みたいにきれいにはとってくれないですね。

高峰　テレビも、落語や講談、ああいうのを見ていると人間、目というものはすごいものですね。本気になってやってるかどうかわかります。舞台じゃ全然わからない。だからとってもテレビはこわい。テレビじゃあ、その人の目が違うこと考えているなあとかすぐわかっちゃう。

蝶々　お芝居でも、コマみたいな大きな舞台でも、やはり目というか、心というか気が抜けたり、ほかのこと入ってたりするとお客さんはわかるらしい。

雄二　ですからね。けんかしているとき、舞台でせりふやっていても、目と目が……

蝶々　会わないですわ。さえません。だから、そないなときは、表に、夫婦げんかありと書いて置かんならん（笑）。「本日夫婦げんかにつき多少悪い……」（笑）。

高峰　でも、虫の好かないやつはいますからね。俳優同士で、「はじめまして、どうぞよろしく」っていきなりラブシーンやっても、目なんか見ちゃいられない。こいつどんなやつだろうなんてよけいなことを考えちゃいますからね。やっぱり目を見るということは、その人を信用していなければ見られません。虫の好かない男優さんとラブシーンして、目を見るのがいやだから耳かなんか見て目が寄っちゃったりして（笑）。やっぱり人間的に、信用して好感持ってる人は違いますね。不思議なもので向こうもそう思うんでしょう。こっちで好意を持てば、やっぱり向こうでもピンと応ずるんですね。役の上で……。すごく間が合ってくるんですよ。何かこっちでいやだと思うと、向こうも耳を見てる（笑）。

蝶々　二人とも目の玉がおかしくなりますわ。

高峰　すれ違い（笑）。

家のカタキを舞台で

蝶々　私、一ぺんほうきのはくほうでなぐるお芝居やってましてね。ある日けんかして非常に腹立ってしょうがない。私たちはけんかいうても口だけで腕力はやりません。それがむかついてむかついてしようがないんでさかさまにして棒のほうでなぐりましてね（笑）。

高峰　復しゅうを考えなかったですか。

蝶々　やっているうちに忘れるやろ思いまして……（笑）。スーッとしました（笑）。家のカタキを舞台で（笑）。とても家ではかなわんから……。

高峰　私もさっきそれをいおうと思ったんですけど、けんかして舞台に出るときはぐあい悪いでしょうね。

蝶々　ただいえることは、少々ないやなことがありましても、舞台が、ほんとに気が乗って楽しくやった場合は、夫婦げんかを忘れる。舞台のためにけんか済んでしまう。ここはこういうぐあいにやろかなんていいかけて、ああそうや、こいつはけんかしてたなんて思い出して続きやる（笑）。

高峰　どちらかアイディアを出す場合があるでしょう。どちらのほうが率が多いですか。夫婦だけれども、いいアイディア出すなあ。これは負けたなあと思うことありません？

蝶々　それはありますねえ、ただこの道のほうはね。

雄二　全然師匠（蝶々を指す）ですから……。いい合いでは出さないな。

蝶々　時たまやるときもありますよ。こんなことを考えていたのかなんて、そういうのはなるべく取り上げます。お酒飲んだらしょうもないこといいますけれども……。

高峰　ご夫婦とか、女とか男とかそういうのでなく、ほんとうに商売人同士としてパッとけんかするというようなことは？

蝶々　芸のうえであります。夫婦離れて、意見の相違はたいへんありますね。

「ヒネ蝶」と「何という字」

高峰　私ねえ、よく特殊な名前つけるでしょう。お宅のお仕事の方たち、あれどうも競馬馬みたいな気がするんです。どうしてああいうお名前つけるんでしょうか。

蝶々　私のミヤコ蝶々というのは、七つのときからこういう商売しておりますので、そのころかわいんで蝶々とつけたもんです。いまはヒネ蝶になってしまったけど（笑）、そういう名前が小さいときからついてしまった。最近の方はああいう名前は好んでつけられません。

雄二　それで顔が無細工のほうがよかったんですね。昔の漫才いうと……。

高峰　無細工でも好感が持てないといけません。

蝶々　かわいい無細工ですね。昔の漫才いうのはとにかく顔のことをいうたり、非常にお下劣なことをいったりしたのが漫才でしたけれども、やはり顔の普通の、ある程度もののわかった人じゃないといけなくなったですね。

高峰　旦那さまのほうの由来は？

蝶々　民放がはじめてできましたときに、私たちそれまで本を読んでやるいうことなかったんやけどラジオできましてから台本を読んでやるようになりましてン。なんややこしい字がありますやろ私が雄さんに聞くんですよ「なんという字」、そのころ彼は名前がなくてどういう名前をつけようか迷っていたんです。ある人が奥さんがミヤコ・蝶々やから、田舎とんぼはどうやろいやはったが、どうももう一ツあか抜けませんからやめましたけど、私が「なんという字」「なんという字」聞きますやろ「なんという字……南都雄二」「それいきましょ」……(笑)。それからそうなってしもうたんヤ。

雄二　でもつくづく思うのは私は舞台が好きじゃない。

七つの時からこの道

蝶々　私は好きです。小さいときからこの道しか知らしませんし、あんな小さいときからやっているとやめたらさびしいでしょうね、やっぱり。

高峰　外なんか歩いていて顔みただけでもお仕事を思い出して笑われることありますか？　そういうとき憂うつになるでしょう？

蝶々　いい意味で笑って下さるのと、何か異様におもしろいことをその方が思ったんでしょうね。

雄二　だから休まるところがないじゃないですか。これはこの商売どなたでもですね。

蝶々　私たちの場合、私一人で歩いていますと、雄さんどうした雄さんどうしたいわれます。こちらもどっかへ出たときに蝶やんどうしたといわれるんやろけど、私たちでも別々のときがありますよ。ところがファンの方は二人そろっていつも見ているから、いないとおかしいんですね。

高峰　半人前のヒネ蝶さんですか。お気の毒ですね。

（『サンデー毎日』'58年8月10日号）

結婚したら

高峰秀子（35歳）
佐多稲子（54歳）
ぬやま・ひろし（55歳）

佐多稲子（さた・いねこ）一九〇四―一九九八
作家。キャラメル工場女工、カフェの女給を経て、プロレタリア作家となる。日本共産党入党（戦後除名）、婦人民主クラブに参加。作品に「キャラメル工場から」「レストラン・落陽」「くれなゐ」「歯車」「樹影」（野間文芸賞）「夏の栞」（毎日芸術賞）「月の宴」（読売文学賞）など。

ぬやま・ひろし　一九〇三―一九七六
詩人、社会運動家。本名・西沢隆二。日本プロレタリア作家同盟書記長となり、日本共産党入党、治安維持法違反で投獄予防拘禁後、非転向で戦後を迎える。中国をめぐる路線対立で除名の後、毛沢東思想研究会を設立。詩集に「若者よ」を収めた「詩集編笠」など。晩年は正岡子規研究に励み、司馬遼太郎の「ひとびとの跫音」にも描かれた。

私が、佐多稲子さんと知り合ってから、そろそろ、三十五年ちかい月日が流れています。ことに佐多さんが窪川鶴次郎と結婚してから、私は、よく、窪川夫婦のところにころがりこんで、一つ屋根の下で暮していました。そのころ、窪川夫婦は、蒲団がなくて、古綿の間にくるまって寝ていました。私も、その古綿のすその方に寝かしてもらいました。

その部屋は、浅草の六区から、まっすぐ上野の方へ抜ける途中のロジの中にある下駄屋の二階でした。

ある晩、中野重治も遊びにきていて、四人でおしゃべりをしていました。

そのうちだれが気がついたか、とにかくその部屋は、少し力を入れてゆさぶると、グラグラ揺れるということを発見しました。そこで、大の男が三人タタミの上に四つんばいになってゆさぶりました。

二階建の二軒長屋が、船のように揺れました。

翌朝、窪川夫婦は、階下の下駄屋さんにしかられて、その部屋から追い出されました。

いくところがなくて困っていたら堀辰雄がやってきて、ともかく、知り合いの大学生の下宿にころがりこもうということになりました。

タンスからヌカミソ桶まで、二台の荷車に積んで出かけました。

私は身体も大きいし、荷車を引きなれていたので、一人で前の車を引っぱりました。後の車は、身体の弱い鶴次郎が梶棒を握って、堀辰雄が後押しをしました。

窪川の叫び声がするので振り返ってみると、梶棒がはね上がって、窪川は宙ぶらりんになって、足をばたばたさせていました。その時、通りかかったしるしバンテンのいなせなあんちゃんが、〝エイッ〟と、身がまえると、腕をのばして、たちまち、梶棒を引きおろしてくれました。

窪川は、まっ赤な顔をしながら、目をパチクリやっています。堀はポカンとして、あっけにとられていました。

稲子さんに会うと、よく、そのころのことを思い出します。

私は、その稲子さんと、久しぶりに〝わかもの社〟の二階の応接間で話をしていました。

その時、高峰秀子さんが姿をみせました。じつに地味な感じです。


（ぬやま・ひろし）

私なんかに頼むから

高峰　（佐多さんに向って）お久しぶり。
佐多　お久しぶり。この間は電話で失礼しました。
ぬやま　今日は、どうも、お忙しいところをありがとう。
高峰　いいえ、でも、後がつまっているとー落ちつかなくてイヤでしょう。だから、今夜は、すっかりあけてきたの。
（この日は、皇太子の結婚パレードの行われた一週間ほどあとで、高峰さんは、あっちこっちから引っぱりだこで、一番忙しい時でした。）
ぬやま　日本に帰ってくるのが、十日ほど早やすぎたんですね。

高峰　ほんとに、私たち、なんにも知らなかったでしょう。船が神戸につくまでは普通のお客さんで、のん気だったんです。ところが、神戸についたらわーッと押しよせてきて。

佐多　ほんとにねえ。

高峰　なにしろ、私たちが出かけたころは、週刊誌が五つか、六つだったでしょう。それが五十以上も出ているんですからね。それが押しよせるんだもの。

佐多　今度は、どのくらいいってらしたの。

高峰　八ヵ月です。カンヌの映画祭に出て、そのままですから。

ぬやま　この間、今井正さんに会ったらあなたの話が出ましたよ。今井さんが監督になって二回目の作品（「われらが教官」）で、あなたが十五歳だったそうですよ。〝若い監督はたよりない〟ってやられて弱ったっていってました（笑）。

高峰　そんなこといったかな（笑）。そういえば、あたしが、丸山定夫さんの娘になってお琴をひく役で……。なにしろ、あたし、お琴は、右からひくものか、左からひくものか、それさえ知らなかったでしょ。それを、いきなり、宮城道雄さんのところへ連れていっておケイコですよ。いざ撮影に入って、本番の時、〝どこをひくんですか〟って、今井さんにきいたら〝適当にやって下さい〟だって。〝適当に〟っていわれたって、こっちは一つしか知らないんだから（笑）。その時のことでしょう（笑）。

ぬやま　この間の皇太子の結婚式のテレビの司会者はたいへんだったでしょう。

高峰　私も気がすすまなかったけど、あのテレビのスポンサーがナショナル電気でしょう。私たち、ナショナルから、お金をかりて外国へいったから、やっぱり出ないわけにはゆかなくて。

ぬやま　自由主義国家も、こういう点になると、あんまり自由じゃないな。

佐多　ほんとにたいへんねえ。

高峰　婦人公論の記者から、あの司会をやった感想をきかれたの。一言でいえば無関心だと答えたわ。そりゃあ結婚のことだから、うまくいった方がいい。でも、それ以上どうってことはないでしょう。皇太子が馬車からころげ落ちたら助けるだろうし同じように、おじいさんが坂道でころんだら助け起すといったようなものよ。思ったほど、私が感激しないもんだから、それでキゲンの悪い人もいるらしいけど、そんなの、私なんかにたのんだ方がいけないのよ（笑）。

佐多　四月十七日のラジオを聞いていたら小学校や高校の生徒が、皇太子の結婚の問題について、実に、はっきりしたことをいうんで驚ろいちゃった。〝十二単衣だって、私たちの税金で作ったんでしょ〟〝いまの世の中で、一番大事なものは自由でしょ。

でも、あの二人は自由じゃないわ〟こうなのよ。アナウンサーが、最後に〝今のは特殊学校ではありません〟て、ちゃんとことわっていたけど。

ぬやま　大人が、そういう意見をいうときには、どこか肩をそびやかしていうが、こどもの場合は、実に自然なんだな。一度も、天皇を尊敬したことがないからね（笑）。

天皇家をバーなみ

佐多　とにかく、昔の空気を、もう一度かもし出そうとする、そのこころ根がしゃくにさわってね。その上、朝日新聞に出てたでしょう。宴会の席から茶椀や酒盃を持って帰ったって話。それが大臣だからね。

高峰　もっとひどいのがあるんですって。ほとんどの代議士が、おさし身をハンケチにつつんで持って帰ったそうよ（笑）。

ぬやま　どうするんだろう？　それも選挙区へ持ってゆくのかな。

高峰　赤坂の芸者にでも見せるんでしょう（笑）。

佐多　保守党の連中が、なんといったって、天皇家をバーなみにあつかってるんじゃないの。バーの灰皿を持って帰るのと同じよ。

高峰　そんな人たちをえらんだのはだれ？　といわれるとギャフンだけどね。

ぬやま　今度の皇太子の結婚ブームもひどいものだったが、高峰さんの結婚の時もジャーナリズムは、ずいぶん騒ぎましたね。どうも、日本には、まだ、個人の自由を、尊重する空気が乏しいな。

高峰　ゼロですよ。くらべるのはへんだけど、私たちの時だって、朝の九時から、もう新聞社や雑誌社が押しかけてくるでしょ。花嫁姿をとらせろっていうの。ところが、結婚式は三時なんですよ。そういうと、〝三時では夕刊の締切りに間に合わないっていうんです〟(笑)。〝私たちは夕刊のために結婚するんじゃない〟っていったんだけれど(笑)。

亭主がどんな男か？

ぬやま　でも、今度、外国にいっていた間は、のんびりできたでしょう。

高峰　そりゃあ、もう。だって、私たち結婚してから一年間くらい忙しくて、ろくに顔を合せることさえできなかったんですよ。二人だけの時間は持てないし……。自分の亭主が、どんな男か、自分の女房が、どんな女か、それさえよくわからなくてさ。それで、あとになってから〝しまった〟と思ったってしょうがないでしょう。

佐多　そう、そう、ほんとにそうね。

ぬやま　とにかく、気持の上で、結婚生活の土台さえできていればね。

高峰　そう、あとはもちますもの。

ぬやま　ぼくは、このごろ、そう思うんだが、やっぱり、ある程度、若いうちに結婚しないといけないな。あんまり分別がついてしまうと、なにもかもわかりすぎて、ポーッとならなくなる。ポーッとなるうちに結婚しないといけない。

高峰　あたしなんか、そのポーッとなる最後のすれすれのところだったのね（笑）。

佐多　でも、ほんとに結婚してよかったわねえ、高峰さん。

高峰　そう思うわ。ほんとによかった。「二十四の瞳」の撮影のとき、木下（恵介）さんから話があったの。それがね〝助監督だから、気にしなくったっていいんだよ〟っていういい方なの。あたし、あくる日になって〝まてよ。気にしたっていいんじゃないか〟と思った。あるいは、木下さんのいい方にたいする反発もあったかな。

ぬやま　それもあったろうが、やっぱりお腹の中では好きだったんでしょう（爆笑）。

高峰　でも、結婚すると〝あたし、こうしたいんだ〟とか〝ああしたいんだ〟とかって相談したり、話し合ったりできるもの。あたし、ずっとひとりぼっちだったから、よけいにそう感じるのかも知れないけど。

ぬやま　高峰さんのお父さんは芸術家だったんですか？

養女とわかって

高峰　いいえ。函館のそばやさん。なんでも、はじめは、大きな料理屋だったそうですけれど、函館に二度大火があって焼けたんです。私が四つの時に、多ぜいあったこどもを、みんなバラバラに人にやってしまったの。私は、その時、東京の、今の母のところに貰われてきたんです。はじめはそのことを知らなかった。十二歳ぐらいのとき、ある日、戸籍しらべのおまわりさんがきて、玄関のところで母と話をしていたんです。そこへ私がいくと、母が、なにか紙きれをかくしたんです。それでへんに思ったら、母が、はじめて話してくれたんです。それからは、なにかにつけて、〝ほんとの親子でない〟ってことにこだわるの。〝いいじゃないの。あたしが、ほんとのお母さんだと思っているんだから……〟いくら、そういっても、すぐに〝ほんとの親子でないから〟がはじまる。

佐多　そうよ。いっしょに暮したってことが大事なのよ。そのことが一番大事なんですよ。

（佐多さんは、この言葉を、ひじょうに力強い調子でいいました。佐多さん自身、実母でない人を母として、長い間暮してきているし、今では、ほんとの親子と変わりない安らぎをえているからでしょう。）

高峰　それが、どうしてもわかってもらえない。

ぬやま　日本では、長い間、人間同士のつながりは大事にしないで、血のつながりばかり大事にするように教えられてきているからな。年をとった人には、なかなか、このところがわかってもらえないんだろう。でも、壺井栄さんのところなんか、はじめから貰い子だってことを、はっきり知らせて育てて、ひじょうにうまくいってるんじゃない。

佐多　そうよ。あの時だって、私、壺井さんにはじめから、はっきり知らせた方がいいってすすめたのよ。ほんとに、いっしょに暮したという事実が大切なのね。

高峰　そうですねえ。あたしも、そういうのだけれど、なかなか母がわかってくれない。だから、あたしは、ひとりぼっちになってしまう。

早くこどもを

ぬやま　でも、結婚したんだから、今度は、早くこどもを作るんですね。

佐多　そうよ。早ければ早いほどいい。あんまり年をとってからだと自意識が強くなって、母親も苦労するし、こどももかわいそう。

高峰　ええ。いま考えているの。でも、あたし、こどものころから、あんまり苦労したでしょう。あの苦労を、もう一度こどもにさせるかと思うとこわくて。

ぬやま　結婚すると、人間にたいする信頼感がよみがえりますよ。こどもを持つとさらに、よみがえる。ぼくは、そう思うな。だから、こどもの時に苦労した人ほど、早くこどもを作った方がいい。

高峰　そうね。そうかもしれないわ。

ぬやま　それに、あなたは、こどものときからジャーナリズムにさらされつづけてきたでしょう。せっかく結婚したんだから今度は、松山さんをたよりにして、三年間くらい、のんびり暮すんですね。そりゃあ世間では、いろんなことをいうでしょうよ。ウワサも流れるし、デマもとぶ。でも三年黙っていたら、たいていのウワサは流れ去ってしまう。

高峰　そういうことも考えるわ。でも、なみたいていじゃないですねえ。自分を押し通すということは……。自分があわれになったり、イヤになったり。そういう自分を見つめているの面白い……。

佐多　ほんとに、たいへんねえ。

高峰　それに私たちのところでは、お仕事が昼と夜とにわかれているでしょう。松山は、どうしても、夜じゃないと書けないらしいの。お茶がほしいころには、お茶を出したり、三時ごろになって疲れていたら〝おぞうすい〟もだしてあげたいんだけれど、私の方が撮影にはいっていると、六時半には家をでなくちゃいけないもんだからとてもつき合えない。〝悪いけど、先きに寝るわ〟ってことになっちゃう。

ぬやま　台所仕事にたいする郷愁みたいなものがあるんですか？　あなた方の場合でも。

佐多　あるわね。

高峰　歴史が長いもの（笑）。そのへんが散らかっていると、片づけたくなっちゃうし。

佐多　話はとぶけど、パリでは、おもになにを見たの？

高峰　もっぱら寄席。言葉がわからなくてもわかるから。でも、言葉がわからないと、なにかにつけて、お金がかかるわね。

佐多　私も、言葉がわからないから外国へいかないの。画かきさんなんかはいいだろうけど。

高峰　でも、日本より、ずっと広い広いところがあって、いろんな人間のいることがわかっただけでもよかったわ。

ぬやま　あなたたちボンに行ったでしょう。あの時の写真はいいじゃないの。松山さんのも、あなたのも。

高峰　普通の写真は私の方が上手なのよ。十六ミリは善三さんの方が上手だけれど。

ぬやま　あの写真なんか、全然、女優さんという感じがしない。

高峰　あのころになって、やっと抜けちゃったのね。帰ってくると、すぐ、もとにもどるけど。

（『週刊わかもの』'59年5月31日号）

夫に逝《ゆ》かれて想う愛の深さ

高峰秀子（43歳）
杉村春子（61歳）

杉村春子（すぎむら・はるこ）一九〇六―一九九七
女優。女学校の代用教員を経て、築地小劇場の研究生に。解散後、築地座、文学座の結成に参加。「ファニー」の主演後、文学座の看板女優に。「女の一生」は上演回数九〇〇回を超え、日本芸術院賞受賞。「東京物語」「麦秋」など、小津安二郎作品の常連で、新藤兼人作品「午後の遺言状」でキネマ旬報主演女優賞などを受賞。文化功労者。

あなたに教わったこと（杉村）／私は主婦業に才能が（高峰）

高峰　杉村先生がお出になると伺って、それを頼りにやっとテレビ出演がきまったんですけど、私ってこのとおり〝ダメなひと〟ですから、いろいろ教えていただかないと。私、テレビじゃシロウトだから。

杉村　あんなこと、おっしゃって。

高峰　いいえ、ほんと。こわいんです。テレビって、はたで見ていても忙しくて、とてもついていけないみたい。

杉村　準備期間さえあればテレビもおもしろいわよ。お芝居ではやれない役がやれるでしょう。それにテレビの反響というのは恐ろしいほど早いの。

高峰　そうでしょうね。私、ずっと出なかったでしょう。そうしたら「出ろ、出ろ、映画館まで見に行くのは、時間もかかるしお金もかかるから、茶の間で見られるテレビに出るべきだ」って、まるで、テレビに出ないのが悪いことみたいに手紙がくるの。

それで、こないだテレビに出ようかと思うというようなことをしゃべったら、せっかく映画でがんばっていたのに、今さら出てこなくってもいいんだっていってくるんですよ。ごろ寝で見られるテレビなんかより、もっと映画でがんばっていてくれって。いったい私はどうしたらいいんでしょうね（笑）。

杉村　そりゃあ、やっぱりお出になるべきよ。役者というのは、大ぜいの人に見てもらいたいものですよ。俳優ってお客さまとつながっているときこそ、自分の存在が確かめられるんじゃないかしら。積極的にテレビに出なさいとはいわないけれど、いい脚本があって、ご自分が納得がいけば、おやりになったほうがいいと思うわ。もったいないことよ、やらないなんて。あなたにしかない、あなたにしかできないことがあるでしょう。そのあなたのパートをたいせつにして、人にあげなくちゃと思うの。

高峰　そんなものないですよ、私なんんか。

杉村　ありますよ。姿形だってそうでしょう？　こんなこと今までいったことなかったんだけど、高峰さんと初めておつき合いしたのは、ほら、成瀬（巳喜男）先生の……。

高峰　「浦島太郎の後裔」でしょう。

杉村　だったかしら。そのとき、あなたが「おばさん！」と私に呼びかけるところがあったの。そのときの「おばさん！」といういい方が私にはとっても新鮮だったのよ。今でこそ、芝居のせりふも日常生活に近いいい方になっているけれど、当時はそうじゃなかったの。私はそれをきっかけにせりふのリアリティーという問題について考えるようになったのよ。

高峰　へええ、そうですか。

杉村　だからあなたに感謝してるのよ。もう二十年も前のことだけど。パフの洗い方を教わったのもあなたからですよ。洗ったら絞らないでそのまま干しておくといいって。ほんとにふっくらするのよ。今でも、高峰さんに教えてもらったんだなアと思いながら、パフを洗ってるのよ。

高峰　そりゃあ、水が蒸発するまでずいぶん時間がかかるでしょう？

杉村　かかる、かかる（笑）。今じゃ、どんどん使い捨てにすればいいようなものだけど、女って、自分で使ったものをそう簡単に捨てられないものなのよ。

高峰　それはだいぶ古い話ですよ。今は洗ってギュッと絞っちゃっていいんです。乾いたら古い歯ブラシでシュッシュッとやれば、ふんわりします。

杉村　あら、新しい方法ができてるんですか（笑）。私はまだ二十年前と同じやり方でやってたけど。お聞きしてよかったこと（笑）。

高峰　そのころから、私は主婦業のほうの才能があったんですね（笑）。

夫の書斎はそのままです（杉村）／いっそ全部変えてみたら（高峰）

高峰　私、今でも思い出すんですけど、撮影所で私がお弁当のかご持っていたでしょう。コーヒーからスプーン、お砂糖まで入れて。そうしたら、こういうのをご主人がお坐りになっているそばに置いておけば、自分で飲んでくれるかしらっておっしゃってたことありましたね。ご主人はお手伝いさんにも、ああしてくれ、こうしてくれとおっしゃらないからって、とっても心配していらして……。

杉村　なんにもしてあげられなくて、すまないと思うばかり……。今でもね、おいしいコーヒーをいただいたりすると、石山に飲ませてやりたいと思って……。そのとたんに、なんだかふーっとなっちゃうんです。

高峰　お亡くなりになったのは去年の夏でしたね……。

杉村　私のほうが年上でしたから、まさか私より先に亡くなるとは思ってもいませんでしたから……。こんな辛《つら》いことってありませんよ。文学座のとなりに家があるでしょう。けいこ場から石山の書斎《しょさい》が見えるんです。そこに見えるというだけで、離れていてもあったかいものがあったんです。ちょっと暇があると走っていって、お茶を一ぱい飲みに行ったりして「なんだい。通路みたいに思ってるのか」なんていってましたけど、今はその書斎がひやっとするほど冷たくて、見るのが辛いんです。私、しみじみと、あのあったかさがほしくなっちゃうの……。

高峰　いま、まったくのお一人？

杉村　ええ、親戚もいないものですから。イヌが二匹とお手伝いさんだけ。あんまり寂しいから家にいないようにしているんです。どういうのかしら、いま、生きているということが、とっても不安定な感じがして仕方がないの。

高峰　最後につかまるものがなくなったという意味ですか。

杉村　それもありますけど……。自動車が好きな人でしたから、新しい車を買ったときに、前のランプが反射してまぶしいからって、なんだか貼ったんですよ。それがひょっと見ると貼ったままになっているわけですよ。それを貼った人がいないということがね、もう、ほんとにどうしようもない気持ち。そういうこまかいことがぜんぶ残っているわけでしょう。

高峰　もういっそぜんぶ変えちゃったらどうなんですか？　思いきって……。

杉村　とも思うんですけれど、こわしたらそれきりですから。石山の本なんかも病院にでも寄付しようと思いながら、やっぱり手がつけられないんです。人と人とがいっしょに住み始めるということは、こんなたいへんなことかと思いますよ。

ほんとに悪いことをした（杉村）／幸せのときのほうが怖い（高峰）

高峰　私は、いま、とっても幸せでしょう。幸せのときのほうがそういうこと考えますね。いま松山が交通事故かなんかでパッといなくなっちゃったらどうしようって……。幸せじゃないと、そんなこと考えないんじゃないかしら。不幸なときは憶病じゃありませんね、女って。

杉村　私もいっしょにいたときは幸せだったんでしょうね。八年経った。十年経ったというたびに、いったいあとどれだけいっしょにいられるだろうかって思って、ゾッとしたことありましたね。その幸せがずっと続いてもらいたかったのね。

高峰　私たちも結婚して十二年になるんですけど「お棺に入れる花、なににしようか」なんて話するんですよ（笑）。そしたら、ぼくはコスモスがいいなんていうの。コスモスをお棺に入れるなんて、そんな話、あんまり聞いたことないですよ（笑）。こういう話は、結婚して半年や一年じゃ出てこないことですよ。

杉村　私たちも、そういうこと話していたけれど、そのときはほんとに死ぬとは思っていなかったんですもの。不意打ちでした。でもね、主人が亡くなったあと、私が泣いていたら、「あなたは幸せだったんだから泣かなくてもいいんだ」って人にいわれましたけれど……。

高峰　結局、あれでしょう。家に帰って、甘えたり、泣いたり、「こうなのよ、あなた聞いてよ」とぐちをいったり。それだけじゃないですか？　夫婦って。それができるか、できないかですよ、お互いに。

杉村　ほんとにそう。

高峰　あとのいいかげんなことなら、他人でも間に合うわけですよね。親にもいえないようなこと、くやしいことを、いってみたってしようがないんだけど、受けとめてくれる人がほしいんですよね。

杉村　そうなのよ。今でも、「あ、これは石山に意見を聞いてみたいな」ってひょっと思うんです。そして「あ、いないんだ」って思うの。だから、ぜんぶ自分のところでとまっているわけです。それがいちばん辛いですね。わりあい、話がよく合うほうでしたからね。
新聞の劇評なんかでも、「おお！　出てるぞッ」っていってくれるでしょう。悪いときは、悪い批評を書いた人を一生懸命けいべつしてくれてね（笑）。

高峰　そうね。こいつはバカヤローだ。どこに目がついてやがんだなんていってくれると、それだけでスーッとしますね。

杉村　そんなに大事なご亭主なのに、忙しいときにコーヒーが飲みたいなんていわれるとわがままだと思ったりね。飲みたければ、自分一人で飲めばいいと思ったこともあったんですもの。悪い奥さんでしたよ。高峰さんなんかよく尽くしていらっしゃるから、そういうことはないでしょうけれど。

高峰　いえ、私もね。仕事の都合で午前二時ごろになったことがあったんですよ。そしたら、こうこうと電気をつけて、書かなくてもいい原稿書いてるんです。「電話ぐらいかける暇あったでしょう」と冗談ではなくいわれちゃってね、ああこりゃいけないと思ったことがありました。

杉村　女優を妻にしたということが、そもそも不幸せなことだったんですね。私なんかこうもしてあげたい、ああもしてあげたいと思っても、文学座ってものをかかえているでしょう。これはどうしてもやっていかなければならない。男の仕事と同じですからね。結局、家庭というものがおろそかになっちゃって、最後には自衛手段だっていって書斎に冷蔵庫まで持ち込んでね、ぜんぶ自分でやるようになっていたんです。ほんとに悪いことをしたと思います。

高峰　ろくに仕事をしていない私ですらそう思うんですもの。主人は主人だけど、仕事も主人のようなものでしょ。主人が二人いて、うまくいきっこない。だから仕事と家庭が両立するなんて絶対無理ですね。

仕事にも励みを失って（杉村）／私たちといっしょに旅行を（高峰）

杉村　前にはね。年上の私が死んじゃっても、石山が困らないように思うと、仕事に励みがあったんですけど、もう私だけじゃあ、働いたってしようがないというような、なんだかとっても投げやりな気持ちになっちゃったの。

高峰　でも、いけませんよ、それは。いっそパッと海外旅行かなんかなすったらどうですか。今度、ごいっしょに香港《ホンコン》へ行きません？　これからの季節はカニがおいしいの。中華料理を食べて、京劇かなんかご覧になったら、パーッと気持ちが明るくなりますよ。お疲れもなおります。

杉村　実は、来月、一週間ほど、仕事が暇になったものですから、急に思いたってアンコールワットを見に行くことにしたの。
高峰　それはお仕事とは関係なしに？
杉村　ええ。全然関係のないところに行きたくなっちゃって。それからアルジェってい いんですってね。アルジェの砂漠。それからアフリカとか。そういうところへしきりに行きたくて……。
高峰　なんだか、みんな地の果てみたいね。そんな寂しいところへお一人でいらっしゃらないでください。来年はハワイへ行きましょうよ。いつも松山とばかりじゃあきちゃった（笑）。いいでしょう？　三人で行ったって？
杉村　ええ、ええ。松山さんだってよく存じ上げていますし……。たのしみにして待っていますわ。
高峰　じゃ、本当に行きましょうね。

（『婦人倶楽部』'67年12月号）

装いとうるおい

渋さの中に個性の閃きを感ずるのが好きです

高峰秀子（44歳）
安達曈子（32歳）

安達曈子（あだち・とうこ）一九三六―二〇〇六　華道家。安達式挿花の家元に生まれたが独立し、花芸安達流を創設（後、安達式挿花を統合）。東京農大、恵泉女子学園大などの客員教授も務めた。NHKテレビ「連想ゲーム」のレギュラー解答者も長く担当。著書に「花芸への道」「花芸365日」『花を生ける』など。

流行とは自己の個性を消化するもの

高峰　お仕事のときは、洋服と和服とどちらが多いですか。

安達　人前では着物ですが、人が見ていないときは洋服です。

高峰　ズボンとセーターのひどい格好で……（笑）。やはり〝労働〟ですものね。着物をきてスーッとしていたのでは、とてもお花はできませんでしょう。

安達　ええ。本当にお花をいけるときには、大きな材料やゴミの山なので、軽装で立てひざをしたり、あぐらをかいたり……。

高峰　洋服の流行というのは、ことしはイタリアン何とか、メキシコのピンクだとか、色から入っていきますでしょう。着物の場合には、色ではなく柄ですね。つけさげのようなものがはやったり、小紋がはやったり、しぼりがはやったり。呉服屋さんのいいようにこちらは振り回されているわけですよね。

安達　高峰さんは流行に振り回されているという感じではないですね。

高峰　ええ。私は絶対振り回されません。生来がんこなほうですから……。それでなくても、仕事上着るものが必要でしょう。そのうえに目まぐるしく変わられたのではたいへんです。

安達　社会心理学では、流行に遅れてしまうと、不安だからという連帯感のようなものがあるからだという。高峰さんのようにご自分がちゃんとある方は、不安がないでしょうけれど、そうでないと、やっぱり何となく……。

高峰　でもおかしなものですね。十人のうち九人が短いスカートをはいていると、自分だけ長いのは、やぼったく見えるものなんですね。流行は繰り返されているのですが、だからといって、今度何年先にはやるのかわからないのに、長いスカートをしまい込んでおくわけにもいかないでしょう。それがわかっていながら、ついつい買ってしまう。やはり女性は主体性がないからかしら。

安達　流行を追いかけたいとは思わないけれど、ちゃんと自分があって、服装だけではなくいろいろな面の流行を消化できるっていう人は好きですね。

高峰　私は服装には自分自身に責任をもちましょう、という考えが一番いいように思います。女優さんというのは、たいていきれいですから、何でも似あいますし、上手に着こなしえるでしょう。私の場合は四歳から映画界に入ったわけですけれど別に美人ではありませんし、そのうち鼻ばかり育ってきてしまって(笑)、それで何を着ても、似合わないものですから、どうしても芝居に一生懸命になりましたね。

すべてひかえめな日本人のファッション

安達　着物は呉服屋さんが持ってきた中から、お選びになるんですか。それともスタコラと……。

高峰　全然満足しないですね。スタコラのほうです。

安達　私も不安でだめ、テクテク型。

高峰　ウインドーに飾ってあるのを見て、いいなと思うと、その着物を買うまでは忘れられないほうでしょう。

安達　そのかわり自分の好みでなかったら、百万円の着物が天からふって来ても見向きもしない。
高峰　それはそうですね。好きなものだと、すり切れるまで着てしまうほうでしょう。悪女の深なさけ。
安達　同じのばかり……。ちょっとでも自分の好きでない着物を着ているときなど、下を向いて歩いちゃう。
高峰　そうですね。女の人は髪がよくゆえないときと、自信のない着物をきて歩くときには、本当につらいものですね、男の人にはわからないかもしれませんけれど。それにしても日本の男の人の服装は、ずいぶん片寄っているように思いますね。たいていの人はチャコールグレーか、紺にきまっているでしょう。もう少し変えて着てみたら、どうかしらと思いますね。
安達　三十以後の男性は鏡ばかり見ているといけないという武士道的な考え方があるんじゃないですか。照れみたいな……。
高峰　そうですね。男の人の中で着るもので楽しむ、という人は殆どいないのではないかしら。休みの日には、赤いセーターを着るとか。
安達　そう、奥さまは楽で良いかも知れませんけれど……。
高峰　グレーの背広と紺の背広があれば一年じゅういい、ということですね。これでは女はおもしろくないですよね。
日本の男の人がそういう気でいるうちは、外国のように昼間は働く服装をしていても、夜はせめてネクタイだけでも取りかえるとか、ダークスーツを着て、一緒に洋服を楽しんで外出する、などという時代は、ちょっときませんね。

安達 高峰さんは渋いものを着ていらっしゃいますけれど、人に派手な印象がシャキッと明るい、みるからに派手というのではなくて、個性。私はそういう感じがとても好きです。

高峰 私は小さいときから、赤とかピンクとか派手な色を着たことがないんですよ。時代劇だと、チョンマゲをつけたりしますけれど、私たちは現代劇が多いですから、映画のスクリーンに写るままの顔で歩いているわけでしょう。そうすると、どうしても目立つんですね。結局、目立たないような服装ということで、紺や、黒や、グレーとかに固まってしまったのです。近ごろ年をとると、地味な色を着ていると醜いですから、これから少し派手にしようと思っているんです。派手というのは、明るいということですけれど。

安達 暗いのは恐い……。

高峰 日本の女の人って、年をとると、ねずみ色や紫色を皆さん着るでしょう。それこそ制服みたいになってしまう。外国人だったら、年をとるほど、真っ赤な洋服を着て、ギラギラ宝石をつけて、だんだん派手になるのが、あたりまえのようになっていますけれど、日本人はもう年をとっているのだからといって、きたならしいものを身につける。本当につまらないと思いますね。

安達　私も二十代のときは、四、五十代で着るような小紋ばかり着ていたんですけれど、このごろになって、そういうのを着ると、陰気になることを思い知らされましたので、ここ一、二年は白っぽいものを選ぶように心がけています。

流行はつくるもの？　つくられるもの？

高峰　流行というのは、時代的風潮できまってくるものなのかしら。それとも業者とか、メーカーによってつくられるものかしら……。

安達　私は必然性のないものがはやる、ということはありえないと思い込んでいるんです。あっても、すぐ消えてしまう。それと経済と関係しているから生産される可能性のないものもだめだと思います。日本はそういう意味ではアメリカ的な消費面もあるし、一方ヨーロッパ的な伝統的、保守的面もあって、それが今は混沌としているような感じがします。流行はつくるものでも、つくられるものでもなくて、いろいろな条件の中で自然に生まれてくるような感じがするんです。

高峰　でもそれを考えてくれる人があるわけでしょう。

安達　メーカーが考えて、一生懸命お金をかけて宣伝したとしても、受け入れるほうに必然性がなかったならば、それは実らない。今は情報が進んでいるからピタリ合う可能性が強い。

高峰　お金がないから、おしゃれなんかできないわ、というのは、過去のことばですね。いまは安く買えて、着捨ての時代でしょう。若い人でもずいぶんじょうずに着ているように思いますね。

安達　十年前と考え方が変わっていますね。自分というものをちゃんとつかんでいる人も多くなった。

高峰　若いお嬢さんは着物はだめですね。ゆかたも着たことのない人が、いきなり振りそでを着ても、形にならない方があたりまえで、どちらかというと、洋服のほうになじんでいるし、見る目が肥えているということでしょうね。でもやはり日本人ですから、着物を着てほしいし、着物に対する常識くらいは、ちょっとでもあってほしいと思いますね。

安達　私は耳が痛いけど、そう思います。

高峰　着物はいまでは夜の集まりとか、結婚式とか、そういうときだけの豪華なものになっているでしょう。普段着をたくさん持っているお嬢さんは、ほとんどいないんではないかしら。踊りのおけいこでもしている人は、仕方なく着るでしょうけれども……。

安達　それから体格が向上していますから、昔とは別の着こなしをあみ出さなければいけませんね……。

高峰　そうですね。大体反物の幅が狭いんではないですか。鴨居《かもい》もこのごろはちょっと高くしなければいけないと思いますね。

安達　昨年のお正月は若い男性の着物がはやったそうですね。私は自分の着物もまだよくわかっていないから、気がつかなかったのですけれども、女性の方はきれいに頭をセットして、振りそで姿、男性はウールの対かなんかを着て、楽しそうに歩いているのが目立ったそうですが、母などは非常におかしいというんですね。

高峰　おかしいですよ。セーターとイブニングの人が一緒に歩いているのと同じことですもの。

執念を貫いて〝魅力〟に変える

安達　女性の美しさというのは一般的な女の美しさなんて、語りようがないし、やはり私の好きな女性像ということになると思います。私はものすごい強烈な個性の人、もちろん仕事をもって、経済能力もあって、すごい傷だらけでも絶対へこたれないような人に、ものすごいあこがれを感じますね。それとは逆に、自分の母親なんかそうですけれども、いつ目が合っても、チカッとくるものが何もない、全部女として受け入れてしまう人。頼りにならないけれど、そういう女性も好きなんです。それから目があったとたんに、ブルブルッとくる、一メートル四方くらいピリピリ。両極端が好き。うらやましいですね。中途半端な人は、自分を見るようでたえられない。

高峰　そうですね。夫婦なんていうのも、やはりそうでしょうね。自分と同じような人と結婚するのであれば、二人で一緒に暮らさなくても、一人いればいいわけでしょう。

安達　松山さんとは対照的ですか。

高峰　対照的ですね。私はいいかげんで、何でもごまかして、人生生きてやろうと思っているの。つまりイイカラカンです。ところが向こうは絶対にごまかさない人なの。

安達　ですけれど、男の人で若いときは、さぞすごい美男子であったろうと思うような人で、五十歳くらいになって、何となく精彩がなく、魅力のない人がいるでしょう。ああいうのを見ると、顔立ちじゃないんだなって、わが身を少し勇気づけたりするんです。

高峰　私、小さいときには、早く三十になりたいと思っていたんですよ。ちょっとすてきな人だと思うと、女の人は三十くらいなのね。やはり女は三十にならなければだめなんだわ、なんて思っているうちに、四十になってしまったわ。

安達　高峰さんは皆からうらやましがられる典型みたいな人で、それ以上はちょっと欲ばりですよ。

でも、欲がなくなったら、魅力があろうはずがないんですけれど……。私なんかなまけ者ですから、お金もあって、これ以上仕事をしなくてもいいなどという環境におかれたらフニャフニャッとなってしまう。やらなければならないことが一ぱいあると勝手に思い込んでいるから、フーフーいってやっていますけれども、それがなくなったら、生きていく自信がないですね。そういう情熱を一生もち続けている人は、うらやましいですね。これが私の人生だ、私の限界だ、なんて思うんではなくて最後まであきらめないで、執念深く欲ばり続けた人は、男女に限らず魅力的だと思います。

高峰　たしかにそうですね。このごろは自分をあまりいじめなさすぎるのではないですか。私、松山によくいわれるんですよ。自分にきびしいからって、人にきびしさを押しつけてはいけないって。やはり自分にきびしいと人がダラッとしているのをみると、腹が立ってくるでしょう。そういうのはいけないらしいですね。自分だけきびしくしていればいいんですけれど、どうしてもしゅうとめみたいなことをいってしまうんです（笑）。

安達　にくまれても、いわなければいられない、というのは、本物だと思いますね。私などは人は人、自分は自分みたいなところがあるんです。七十になっても、いまだ人生に怒っている男性がいるでしょう。そういう人、うらやましい。自分だけきびしくしているというのは、ごまかしのほうに通じる危険があると思うんです。

高峰　文章の短いものでも頼まれて、書くでしょう。そうすると、全部文句ばかり書いてしまうんです。自分でいやになってしまう。いやがらせの年齢なんですね（笑）。

安達　それはすばらしいことだと思います。着物とか、日常の暮らしの中でセンスがあるとか、ないとかいいますけれど、それは人から教えられるものではないように思いますね。

よく刀のナマクラばかり見ていると、だめだとかいいますけれども、子どものときに筋の通ったいいセンスの環境の中で育てられると違って、きゅうに二十になって、金持ちになり、好きなものが何でも買えるようになっても、よほど強烈な個性の人でないかぎり、ユネスコ村的になりやすい。

高峰　食べものでも、私はそれでいいわ、ぼくも、という何でもいい主義ですね。そういう人は着るものでも何でも一事が万事ですね。

芸の道に極める人生の幸福

高峰　芸ということですけれど、俳優なんていうのは、最もうまいまねだと思いますね。そこへ自分のもっている中身がプラスされるわけです。それが多いか、少ないかで、うまい、へたということになるんではないかしら。絵だってそうでしょう。その絵がただ写真みたいにかいてあるんだったら、写真のほうが安くて、いいわけですよね。やはりその絵にプラス、その作家の人間性が、どういうふうに表現されるか。その作品がいやなものか。下品なものか。上品なものか。強烈なものか。それによって評価する人のほうの個性が、その絵を好きになるわけでしょう。

安達　ええ。

高峰　三年なり五年なり続ければ、ある程度の人まねの引き出しはできるんですよ。

引き出しだけで終わってしまう人もいるでしょうけれど。芸に終わりがない、というけれども、まねをする終わりではなくて、その人間が現地点でストップしてしまったか、しなかったかという意味で、きのうより少しでも進歩があれば、当然芸に終わりはないわけです。

安達　こわいなあ……。

高峰　私なんか三十くらいでとまってしまったわ。私はこれが限度で、これ以上は無理だとわかるの。悲しいことですけれど。

安達　女性で自分のそういう動きが冷静に見つめられる、というだけで、たいへんなことじゃないですか……。

高峰　やはり第三者の目を、いつももっていなければ、だめでしょうね。自分自身との妥協が少しでもあったら、進歩はないし自分がダメになってしまう。何の仕事だってそうでしょう。これでいいという安心感のようなものがあったら、すぐにうしろからごめんなさいと追い越されてしまうでしょう。

安達　好都合に人生が終わればいいんですけれども……。生きるということは、たいへんなことなんですね。

生け花でも技術は才能がなくてもできるんです。大工さんの方が正確。だけど、それは形だけのことで、やはり自分の人生観、人間の生命観みたいなものを、私はたまたま「花」の生命を通して、さがすのが目的、どのくらい求め続けることができるか。

高峰 人生の究極みたいなものですね。

安達 私なんかまだ人間の哀しみも、生きることの恐ろしさもわかっていない。やがてくるであろう予知を感じるだけですね。そのとき気前よくお花をやめられればいいけれども、やめたからといって、幸せになれるわけではない。やはり死にもの狂いでさがし続けると思います。

高峰 一見はなやかそうに見えますけれども、きびしいものなのですね。

安達 それはだれでも。女性の幸福も個人個人の人生の目的によって違うでしょう。内助の功を人生の目的にした人は、それに黙々と進んでいく。それはそれで一つの幸せとしてうらやましい。でも一生独身で紅花の研究に励んで博士号をもらった黒田チカ博士がこの間亡くなったけれど、私はご立派だと思う。まわりの人はかわいそうに、結婚もしないで、なんていうかもしれないけれど、本人には幸せな人生だったかもしれない。

高峰 とにかく曲がりなりにも女優という仕事を今までしてきましたが、私たちの仕事は撮影所へ行ったときは、もうフィルムが回るときでしょう。その前の準備、せりふを覚えたり、役作りを考えたりというのは、うちでやらなければならないわけです。

安達　私の仕事もそうですね。実際に生ける時は、まさにフィルムが回った時……。それまでのゴソゴソが……。

高峰　それに家に個人の部屋があって、女中さんがいて自分は一人っきりになって、明日の勉強ができればいいですけれど、なかなかそうはいきませんでしょう。そこへまた飲んだくれて帰ってきたりしたら、夫の面倒も見なければならないし。

安達　おえらいなあ……。

高峰　三ヵ月かかる映画だと、三ヵ月間その人物になっていなければいけないわけでしょう。うちへ帰ってきたからって、ケロケロッと違う人になれったって、そういうわけにいかないし。ですから夫のほうもつまんないだろうと思いますよ。私みたいに三分仕事、七分家庭というふうに割り切ってしまえばいいでしょうけれど。なかなかそうはゆきません。

安達　五分五分でも不可能ですね。

マイホーム主義　日本と外国を比較して

高峰　共稼ぎがうまくいかなくなってしまうのは、二人で同じようにくたびれているのに、日曜日にすることといったら、亭主はテレビの前で寝っころがっていて、女房は女性の本能で、買い出しに行ってみたり、洗たくしたり、どちらかといえば、女の方がくたびれてしまって、うまくいかなくなってしまうわけですよ。

安達　そうですね。

高峰　男の人が近ごろマイホーム主義とかいいますけれど、アメリカではみんなやっているんです。アメリカのだんなさまはよく働きますよ。それに、奥さんも日本の奥さんよりはよく働きますね。

安達　むだな所にむだな労力を使っているのかな……。

高峰　だらだらやっている。アメリカの奥様はたいへんですよ。きちんと時間割りみたいにきめてしまって、パッパッと働いている。アメリカの奥様はいばっている、なんていいますけれど、決していばっているのではなくて、だんなさまが外へ出ると、奥様を立てているだけの話ですよ。それしか見ていないから、アメリカの女はいばっている、なんていうんですね。

安達　それでも最近は男性がおかずの買い出しに行ったりしていますね。

高峰　食べものに興味のない男性が行ってるから、見すぼらしく見えるんですね。張り切っていれば、楽しそうに見えますよ。日本の男性は、ごはんを食べるとき、絶対サービスなんかしないでしょう。アメリカでは七面鳥を切るのも、肉を切るのもロースト・ビーフを切るのも男にきまっているんです。子どものころからの習慣なんですね。それからお酒のサービス、カクテルをつくったり、氷を入れて、お水を入れて、ハイボールをつくったりというのは、全部男でしょう。

安達　日本酒にはおしゃくがつきまとっている。江戸時代から営々と尾を引いているんでしょうか。

高峰　根強いですね。日本の男の人は、会社からまっすぐ家へ帰らないで、どうしてもどこかへ寄りたいっていいますね。仕事の神経の高ぶりみたいなものを、うちへ持ち帰るのがいやなのだそうです。でも結局家がつまらないからじゃないかしら。うちへ帰れば、くつろげるんだと思ったら、帰るでしょう。

安達　女の責任かな……。

円満家庭への三つの提案

高峰　この間、婦人雑誌の座談会の折に、若い編集員がブツブツ文句をいうんです。僕は結婚して、まだ半年くらいしかたたないのに、冷蔵庫の中をのぞいたら、きたないので、もっときれいにしなさい、といったら、はいと返事をしたんですって。次の日のぞいたら、またきたないんですって。そのまた次の日のぞいても、またきたないんで、女房がきらいになってしまった、という話なの。その気持ちよくわかりますね。うちへ帰ってもおもしろくない、と。

安達　男性は結婚してから成長する……。

高峰　やっぱりテンポが違うんです。女房は結婚して、何となく安心してしまっている。だんなさんは外で働いて、ピリピリした神経で、うちへ帰ってくる。

安達　仕事をもつという意味だけではなく、女房業だけでも、相当ピリピリして、だんなさんにある一点でテンポを合わせていかないと家庭生活はつまらなくなるでしょうね。

高峰　女房はだんなさんが行ってから、掃除、洗たくをする。スーパーマーケットへ行っても、口をきくわけでもないし、新聞を見て、テレビを見て、夕飯の仕度でしょう。これで同じ神経になれというのも、またかわいそうですけれど。

安達　責任は……。

高峰　男のほうはもっと女を外へ連れ出してやることですね。自分は外でうまいものを食べて、帰ってきて、なんだ、うちのものはまずい、なんていわないで、三度に一度は一緒にこいといって、食べさせてやる。社用の交際費で自分ばかり飲まないで、自分のお金を使って、女房に食べさせてやる。そうすれば、女房は必ず一生懸命するようになると思いますね。男性にいわせると、女房はもったいない、もったいないといって食べないと怒る。それは喜んでないんじゃなくて喜んでいるんですよ。

安達　もっと自分に欲ばりになって……。

高峰　それから共通の話題をもつこと。きょう会社でこんなことがあったとか、新聞を読んで、何かを話題にして、しゃべってあげる。結婚すると、だんだんしゃべらなくなる。しゃべらなくたって、十年、二十年すればわかるだろう、というけれども、人間はそんなにえらい動物ではないんですよ。それからさわってやる、さわるといっても、別に抱きつくとか、そういう意味ではなく、洋服を着せかけるだけでもいいんです。アメリカ人のようにキスまでしなくてもいいけれども、日本人はさわらなさすぎるんじゃないですか。だんだん淡白になって、口もきかなくなる。両方おもしろくなくなって、ある日突然なんでこんな人と一緒にいなくちゃならないんだろう、なんて思っちゃうのよね。

安達　しゃべれるってことはすばらしい。

高峰　話をする、ということが、一番大事なのではないかしら。うちなんかひどく忙しいでしょう。だから夜中になると、あぐらかいて、お酒飲んで、三時間くらいしゃべるんです。もう習慣なのですね。

安達　日本では四十秒に一組離婚しているらしいですけれども、責任は両方でしょう。全部実行すると、ずいぶん減るんではないでしょうか。

高峰　そうですね。普通のうちがみんなそういうふうになったらいいと思いますね。

——今日はお忙しいところ有難うございました。

（『潮』'69年2月号）

女って、因果なものよ

ベテラン女優の日本診談

高峰秀子（45歳）
岸　惠子（37歳）

岸惠子（きし・けいこ）一九三二―
女優、文筆家。松竹入社、五三年の「君の名は」で看板女優に。「細雪」など、市川崑監督とのコンビは、四十年に及ぶ。出演した「忘れえぬ慕情」の監督イブ・シャンピと結婚、後離婚。ともに市川監督の「おとうと」でブルーリボン主演女優賞、「かあちゃん」で日本アカデミー主演女優賞。初のエッセイ集「巴里の空はあかね雲」で日本文芸大賞エッセイ賞、「ベラルーシの林檎」で日本エッセイスト・クラブ賞。小説に「わりなき恋」「愛のかたち」など。旭日小綬章、フランスの文化勲章コマンドゥール受章、菊池寛賞受賞。

ユーモアのすすめ

高峰　（懐しそうに）ずいぶんおひさしぶり！　何年ぶりかよね。このまえは――。

岸　わたし、最後にお会いしたのは赤ちゃんがおなかにいるときで、パリの大使館だった。

高峰　あなたが白い洋服着たら、シャンピさんが似合わないというのでピンクの洋服に着がえたの。だけど、あなたはやっぱり未練が残ってて「さっきのだって可愛かったのに」だなんてさかんに文句をいってた（笑）。

岸　そう？

高峰　そう。はっきり覚えてる。

岸　あのころよく夫婦喧嘩してたから（笑）。

高峰　最近は日本に帰ってきても、週刊誌なんかで余計なこといわれないですむようになったじゃない？

岸　離婚するとかしないとか——それが終わったら、こんどは生活に困っているとか（笑）。いまはいっさい読まないことにしてるの。

高峰　だれか一人いつも虐めていないと気がすまないようなところがあるわね、日本人は。可哀想な境遇になったら同情するんだけど、良くなると喜ばない——そういう傾向あるわね。それは日本が貧乏国だからじゃないの。

岸　そうね。

高峰　やっぱり自分がゆったり楽しく生活できてはじめてひとの幸せを喜べるので、じくじく暮らしているうちはどうしても。

岸　だって四畳半の広さがあるとしたら、フランスでは一人で住むところを日本では四人で住む。人口密度からいっても、それはやっぱりひとのことが気になるんですよ（笑）。ますます人口が増えて、車が増えて、地面の上に動くものの密度が高くなればなるほど袖すりあっちゃうから（笑）。

高峰　日本人もずいぶん海外に出かけるようになったわね。このごろパリでもたいへんでしょう？　修学旅行みたいにぞろぞろつながって行くものね。

岸　あの旅行のしかたが悪いと思うの。あんまり駆け足でね。パリに二日、ミュンヘンに二日、次はどこに二日、あれじゃ結局なにも見れないんじゃないかと思うんだけど。

高峰　そこがみみっちいところで、なんでもかんでも全部見なければ損みたいな——。

岸　見るならいいけど写真撮るの。証拠物件残すのよ、帰ってから隣のひとに吹聴するために。

高峰　まだまだ隣のひとのために生きてるからね、日本人は。

岸　写真撮るひまがあったら、もっと自分の目でよく見たらいいのにと思う。

高峰　行きかたに目的がないからね。それだったら絵はがき買ったほうがきれいにうつっているんだけどね（笑）。日本人って落語や小咄がたくさんあってもっと余裕というか、ユーモアがあっていいと思ってたんだけど、違うのかしらね。もっとユーモアがあれば同じ隣のひとのために生きるんだって、生きかた、変わってくるわよ。それはだめなのかな、貧乏してると。

あの道・この道

高峰秀子・瀬木慎一 対談集

大女優にして名エッセイストであった高峰は、大の美術通でもあったことで知られる。日本を代表する美術評論家と、絵画、映画、日常の話題を縦横無尽に。

単行本／本体 1800 円／ 212 頁　978-4-309-02346-5

高峰秀子と十二人の男たち

対談の達人でもあった女優・エッセイスト高峰秀子の、貴重な単行本未収録対談集。三島由紀夫、林房雄から松山善三、長部日出雄まで。内容は縦横無尽。

単行本／本体 1800 円／ 212 頁　978-4-309-02572-8

文藝別冊

高峰秀子 女優・妻・エッセイスト

日本を代表する大女優の生涯。映画・文筆・生活の三点からその魅力の全貌にせまる。対談、エッセイ、インタヴューなど多数掲載。高峰愛用品の巻頭カラー口絵も。

ムック／本体 1300 円／ 212 頁　978-4-309-97890-1

高峰秀子が愛した男

斎藤明美

当時まだ助監督だった松山善三をなぜ生涯の伴侶と定め、いかに愛したのか。ふたりの養女がともに暮らした眼で夫婦の愛の深さを綴る。松山善三没後再刊行。

単行本／本体 1800 円／ 216 頁　978-4-309-02543-8

私のごひいき

——95の小さな愛用品たち

女優・エッセイスト高峰秀子は日常の工夫を大切にした良き妻・生活人でもあった。そんな高峰が愛してやまなかった、95の文具や台所用品、小物たちの魅力を綴る。

単行本／本体 1600 円／ 160 頁　978-4-309-02530-8

瓶の中

名エッセイスト・高峰秀子の本が続々と復刊される中、最後に残された決定版、1972 年刊のエッセイ集をそのまま完全復刻。カラー写真も豊富な生誕 90 年記念企画。

単行本／本体 2400 円／ 200 頁　978-4-309-02268-0

ダンナの骨壺

——幻の随筆集

単行本未収録エッセイ集。戦後直後から今世紀までの、五十八年に及ぶ女優・随筆家人生の中から、年代順に掲載。その人の歩みが、不易流行が、まざまざと伝わる。

単行本／本体 1600 円／ 204 頁　978-4-309-02632-9

コーちゃんと真夜中のブランデー ——忘れえぬ人びと

単行本未収録エッセイ集。母のこと、夫松山善三のこと、創作に関わった人、さまざまに出会った人の思い出などを綴った傑作エッセイ 20 余編。

単行本／本体 1600 円／ 196 頁　978-4-309-02554-4

高峰秀子の本

河出書房新社
〒151-0051 東京都渋谷区千駄ヶ谷 2-32-2 TEL.03-3404-1201

単行本最新刊

高峰秀子と十二人の女たち

田中絹代、杉村春子、山田五十鈴、岸惠子、佐藤愛子……。高峰秀子が 29 歳から 71 歳まで、胸襟を開いて語り合った本音の対談集。すべて単行本未収録。

単行本／本体 1800 円／ 248 頁　978-4-309-02654-1

文庫最新刊

にんげん蚤の市

大女優がつづる老境の日々。その洞察力、正義感、慈愛、機知、そして涙が、きっとあなたに生きるヒントを与えてくれる。安野光雅のカットにいろどられた、時代を超えた珠玉の名エッセイ集の復活。

河出文庫／本体 660 円／ 232 頁　978-4-309-41592-5

岸　そりゃ、そうよ。衣食足りてユーモアを知る（笑）。ほら、よく「自分の家に蔵がたてば隣の家に憎しみがたつ」っていうじゃない？

高峰　変なことばかり覚えてるね。いやにすらすらいうじゃない（笑）。パリで暗誦してるんでしょう、忘れないように。

岸　わたしは、どうして日本人にユーモアが少ないかというと、ことばのせいだと思うの。日本語にはあまりに淋しいとか悲しいとかいう表現が多過ぎるせいじゃないかなあ、と。

高峰　大好きだものね、涙腺の掃除が。歌もそういうのがうけるし。

岸　フランス語にはそういうことば幾通りもないのよ。日本語が日本人の精神を規制しているということもいえると思うの、わたしは。

共稼ぎ、大いに賛成

高峰　ところであなたもいま仕事してるからおたがい共稼ぎということになるんだけど、共稼ぎどう思う？

岸　絶対、賛成。お金のためばかりに共稼ぎするというのではなくて、働いていなければしゃっきりしない女性っているんじゃないかしら。わたし、パリにいるときは毎日お客さまの相手ばかりでしょう、ぐったり疲れちゃってどうしようもない。だから、日本に帰ってきて仕事すると、すごくうれしくなっちゃう。

高峰　自分になった、自分がなにかやってる、自分にもできるってことね。旦那さまの一部になっちゃうほうがうれしいという女のひともいるだろうけど。

岸　そのうれしさもわかるのよ、わたしは。でも、なんか、だめなのよ。所属できないの。旦那さまのシャツを洗って、白くして、干して――わたし、そういうところはいやに合理的で、だれが洗っても白くなればいい、だからそれはだれかに頼んでわたしはもっと楽しみたい。

高峰　あたしはどっちかというと家のことするほうが好きなの。だけど、それだけじゃいやなの。自分でなきゃできないことがなければいやなの。

岸　そうよね。どうしても自分中心の生活が欲しい。だから、うちの旦那さん、よくいうのよ。「ケイコは傲慢だ、男に頼ろうとするけなげさがない」って。わたし、パリにいるとひきずり回されてしまうんですよ、うちの主人に。うちは特殊だと思うんだけど、お客が多いし――なんでお客さんの接待ばかりしなきゃならんのかなあ、わたしにだって仕事ができるのになあ、という不満がある。

高峰　うん。

岸　仕事をしているときというのは、はたからはどう見えるかしらないけど、わたし、自分の気持ちとしてはみずみずしいのよ。主人にはひどい迷惑かもしれないけれど、そこは夫婦なんだから、やっぱり仕事をさせてもらいたい。

高峰　日本の男のひとというのは、自分の妻に「食わしてやってるよ」っていいたいのよ、まだまだ。たとえいまは働いていても「おれ月給上がったらやめろ」みたいな、そういうのが多い。

岸　そう。

高峰　忙しいからなんにもできないというのは嘘、忙しければうんといろんなことができると思うわ。

岸　わたしも、そう思う。パリにいるときは、お手伝いさんにみんなやらせちゃってるくせに、結局、自分は本も読まない。いまみたいに映画で撮影があると、読まなきゃ損みたいに本を読む（笑）。それにお金のつかいかたを知らない。フランス人がケチだっていうけど、大変な誤解だと思うの。フランス人はたしかに倹約家であるけれども、ためたお金のつかいかたを知ってるわね。ただ、ためるんじゃなくて、一年に一回のバカンスにとことんまではたき出して、楽しんで、健康を回復させるわけよ。

高峰　そのかわり、ふだんは一生懸命働く。

岸　わたし、お友だちと話したんだけど、日本の若い奥さまが同窓会で集まって、まあ、どこか食べに行く。そして、料理の値段がすごく高いとするでしょう。ところがすごいショックでもそのときは黙って帰ってきて、二、三日後に会うと「ねえ、あのとき高かったわねえ、もったいないことしたわ」（笑）。フランス人は違うの。高いと思ったらそのとき、納得するまで知ろうとするわね。ブドー酒、一九三四年。うん、これは高いはずだ。ではお美味しくいただきましょう。あとで愚痴をこぼすようなことをしない。

高峰　うん。

岸　貯金っていうのは、あくまでも支出を考えたうえの貯金でね。つかうときは惜しまない。わたし、それが好きなの。このあいだ、なにか読んでたら、日本の貯蓄率は世界第一位よ（笑）。だから銀行がいっぱいあるんだと思った。パリなんか、銀行ないもの、こんなに。日本人みんなにいえることだけど、とくに奥さまは、もっと楽しむお金のつかいかたを知らないといけないんじゃないかしら。

高峰　良い洋服着て、どぶ板踏み鳴らして、たくあんかじって（笑）、ほんとうの豊かさではぜんぜんないんだな。

（――個人貯蓄率の国際比較（一九六七年日本銀行調査）は世界第一位が日本で、

二〇・二パーセント。その他、西ドイツの一二・二パーセント。フランスの九・三パーセント。アメリカ、イギリスの七・六パーセントとなっている。

日本の個人貯蓄率が高い理由としては、①中小企業の比重が高いこと。②所得分配が不平等なこと。③年齢構成が若いこと。④流動資産が少ないこと、などが上げられている。)

プロ根性を燃やせ

岸 話は変わるけれど、映画界の人達の高峰さんにたいする女優の憧憬、尊敬といったものは、これ、ほとんど神話的ね。会うとみんないう。「高峰秀子さんみたいなひとになりたい」って。岸惠子さんのようになんていうひとは一人もいないけど(笑)。

高峰 古いということで骨董価値が出てきたんだな、それは(笑)。でも、あたしは情がないからね。冷酷じゃなきゃ、生きてこれなかったわよ。

岸 わたし、冷酷なひと、好きだわ。

高峰 やっぱり、物事をいい加減にしないで、きちっとしていくことが大事じゃないかな。いちばん悪いのは、なんの商売でもそうだけど、腰かけ的な気持ちね。いったん、その仕事についたら徹しようということだわね。あたし、決して女優が好きじゃない。もの心ついたら女優になってたから、いまだにやってるだけの話で、「じゃあやめちゃえ」というひとがいるかもしれないけど、仕事ってのはそんなもんじゃない。

岸　ほんとに嫌いですか。そうおっしゃっても好きなんだと思うわ。

高峰　それは松山がいちばん良く知ってるわよ。あたし、仕事すると病気みたいになっちゃうの。すると松山が「ご病気のご加減はいかがですか」なんていう。

岸　あたしは好きなの、莫迦みたいに。本番のときカメラの前に立つとジーッと音がしてくるでしょう、あの音が好きなの。

高峰　わたしはワンカット、ワンカット苦痛なの。「なるべく科白の少ないほうがいいよ」「役者が科白の少ないほうがいいだなんて、なにいってるんだ」（笑）。あたしはあたしなのに、どうしてナンのナニ子にならなくちゃいけないのかと思うと、もうだめ。

岸　でも、どうして嫌いな高峰さんがうまくて、好きなわたしがまずいんだろ。「好きこそものの上手なれ」あれは嘘だ（笑）。

高峰　うまくないわよ、あたしだって。ただね、自分のからだ売ってると思ってるの。だから、演じる以上は徹底する。このごろ、みんなカケモチするでしょう。このあいだもある映画会社で仕事したら「ええ、高峰さん、ふさがってる日はいつですか」

「あたし、おたくにからだを売ったんだから、いつでもお使いください」。そしたらびっくり仰天してた（笑）。いまどき、そんなひといないらしい。あたしは昔からカケモチしない主義でやってきたけど。

岸　プロ意識ね、それが。

高峰　そうよ、商売よ。そのほかのなんでもない。四十一年やってますから倦きるなんてもんじゃない。嫌いだと思う気持ちが限界へ来たのと、このごろ年とってきたのとで頑固になって、だんだん妥協できなくなってきた。このあいだも京都で仕事してて、松山に深刻な手紙書いたのよ。「君も悩んでいるんだなあ、可哀想に」だなんて慰めてくれたけどさ（笑）。半年休んで疲れが直ったからつぎやりたいなんて思ったこと一度もない。

岸　わからないわ。

高峰　あたしはね、自分の顔がむき出る商売なんていやなの、小さいときから。松山の口述筆記、十四年ぐらいやってて、一日百枚も百五十枚も書かされて顔がむくれることがあるけど、そういうのは好きなの。

岸　好きなことしないで嫌いなことをするところが高峰さんらしい。

高峰　くだらないエッセイをちょろっと書いたりね。そういう顔が表に出ない影の仕事のほうが好き。お白粉つけるのなんて、いやなのよ。「ああ、また出てやがら。同じ顔だ」なんて自分で思うの。といって、家の中で洗濯ばかりしていることはできないし——。

岸　いい解決法がないかしら。

高峰　それで、店はじめたの。ちっちゃいガラクタ屋。

岸　あら、はじめて聞きました。そういうの好きなんですか。

高峰　市へ行っていろんなものをせったり、それを持ち帰って値をつけたり、ちょいとくふうして並べたり、たいして儲からない商売なんだけど、そういうの好きなの。若いひとは絵とか骨董とかいうのは手が届かないものとあきらめきってるでしょう。それをなんとか、小さくてもいいから自分のものにして部屋に飾る楽しみもあるんだなって思わせてあげたいの。あたし、このごろ、おばはんになったからさ。そういう役に立てばいいと思って。

岸　教育者的立ち場ね。昔から高峰さんてそういうところがあってさ。だからまた、このうえなく尊敬されるんだと思うの（笑）。骨董品というと本物と偽物とがあって、それを見分ける目が——。

高峰　あたし、なんにもわからないのよ。ただ、家には新しいものはなんにもなくて古いものばっかりね。古いものは、なんかいままで生きてきたということが、とってもいとおしいの。やっぱり老境だね（笑）。

（——高峰さんの最近の出演は大映映画「鬼の棲む館」。出演のかたわら、丸の内の新東京ビル二階に「ピッコロモンド」という骨董品のお店を開いている。また、現在、雑誌ミセスに随筆を連載中である。

岸惠子さんは、連続テレビ映画「恋歌」に出演のため二年ぶりで里帰りした。現在撮影中で、岸さんは主役の美人インタビュアーに扮し活躍する。八月上旬、撮影終了次第、ご両親をお連れし、夫君イブ・シャンピ氏、愛娘麻衣子ちゃんの待つパリへ帰る。）

幼児教育は生まれてすぐ

岸　わたし、ほんとうは日本の女性、素敵だと思ってるんだけど、このさいだからもう一ついうとね（笑）、家庭教育についてはフランスの女性のほうがきちっとしてると思うの。

高峰　そうそう。日本でいちばんいけないのは女性のなかでもお母さん。このごろの子供って「いただきます」「ごちそうさま」を絶対いわない。

岸　でも、どうしていわないの？

高峰　子供たちに、なぜ「いただきます」っていわなくちゃいけないか、と聞かれると、その説明ができないのよ。

岸　そうね。だけど、わたしもきちんと説明できるかしら。ほんとは、なぜ？（笑）

高峰　あたしはね、学校もろくに行ってないけど、親はもっと無学なひとなの。あたしは貰いっ子だけどね、それがいちばんはじめにいわれたことは「いただきます」とか「ごちそうさま」といったたぐいのことよ。「それは、お父さんやお母さんにごはん貰って食べるからいうんじゃない。あなたにお米作れるか、作れないでしょう。あなたは洋服縫えるか、縫えないでしょう。じゃあ、どうもありがとう、となぜ思わないか」あたし四つか五つの子供だったけど、そういうことがピーンと響いていまだに忘れない。立派な親だったと思う。

岸　だけど、いまの子供にそういうことをいったら、たとえば洋服のことも、「だってこのひと洋服こしらえて食べているんでしょう」っていいますよ。もう、子供のときからものの見かたが絶対的に変わってるのね。

高峰　でも、たった一人では食いもせず、着もせず、生きられもしないんだから、自分がこうしているのはみんなのおかげなんで、そのことにたいして感謝しなければならないというくらいは、ガキでもわかるんじゃない（笑）。

岸　幸い、うちの娘はお伽噺を聞いても涙こぼしたりするくらい無邪気だから「そうね」ってわかってくれると思うけれど、そういうことは生まれてオギャアといった瞬間から親がそのように育てなければいけないと思うの。お医者さんにいわせると、個性というものは生後二週間ぐらいでつくられるんですって。

高峰　そうよ、自分の子供を生んだそのときから親は責任持って育てなきゃいけないのよ。

岸　親の抱きかたひとつだってそうよ。きちんと背骨を持って抱いてあげなかったら、フニャフニャの赤ちゃんになっちゃう。首を押えてしっかり抱いてあげるのも親の真心みたいなものだと思う。

高峰　あたしのアメリカ人の友だち、「十四歳まではからだを作り、それから心をつくる」というの。遅いわね。

岸　まあ、ずいぶん原始的な！（笑）。遅まきもいいとこよ。うちの娘は一年間、看護婦さんについてもらったの。そしたら、わたしに全然なつかない。あるとき、ダニエル・ダリューから「赤ちゃんを連れていらっしゃい」って電話があって遊びに行ったんだけど、ほんの二、三歩のところなのにわたしが抱いたら泣きっぱなし。悲しくなっちゃってお尻ぶったのよ、はじめて。そしたら、まだ四か月ぐらいの子がじいっと涙をためて真っ正面からわたしを見つめて、それからというもの、わたしが部屋に入っていくたびに恨みのこもった表情でわたしを見つめるの（笑）。

高峰　怖いわね。

岸　だけど彼女にしてみればわからないわけよ。母親らしいことはなにひとつせずにおいて、なぜこのひとはぶつのだろうか（笑）。子供は不条理を許さないのね。わたし、恐ろしいことだと思って、ずいぶん考え込んじゃった。

高峰　でも、あなただって、教えなければならぬことは教えてるんでしょう。外国の子供は自分でちゃんとやるわよね。自分で洋服着て、ボタンかけてね。日本の親たちはすぐ「よしよし」なんてやってあげちゃう。いったい、だれが子供にはボタンがかけられないて決めたのよ。もしかしたら三つぐらいでもきちんとできちゃうかもしれない。いくつまでは可哀想だ、これはぜんぜん違うと思うな。

岸　わたしはいま、アメを食べさせないことに必死なの。うちの子どもは歯がガタガタなんですよ。歯医者さんによくないといわれてる。子供をぶったのは、さっき話したときも入れて二度しかないんだけど、その二度目というのがこのあいだのことなの。「アメはおよしなさい」といったら「いいわよ、ママがいなくなったら、ファビイが買ってあげるっていったもの」っていうの。ファビイというのは子供についてる女の子なの。だから、その女の子の目の前でぶったの。「わたしはあなたの親なんだから、いい歯を生えさせる義務があるんだから、いうことをきかなくては痛い思いをするのよ」と。

高峰　いいことよ、それは。いまの親は子供を恐れてるのよ。親として子供を恐れるなんて冗談じゃない。産んだ以上は「いただきます」ぐらいいえる子供にちゃんと教育してくれなくちゃ無責任だよね。

（――フランスの幼児教育の中で、日本と比較し最も違う点は、しつけである。親は、子供の夢をじゅうぶん大切にしてあげる。子供が自由に遊べる部屋とか、場所を充分与える。悪いことをすれば間髪を入れぬ早さで打ち、こうしてはいけないことを教え込む…これは、幼いうちにきびしくしつけなければ身につかないという考えからである。七つの誕生日は重要な意味を持ち、幼時に対する家庭の教育が一応終わったことを意味し、その後は理性に訴え、言葉で理解させる方向に変える。学校で特に力を入れる国語教育、国民文学は、世界一美しいと自負するフランス語を正しく次代へ伝えることに注がれている。）

長すぎる過渡期

岸　向こうにいると、日本ってものをすごく考えちゃうんだけど、たとえば、日本人は何百年も肉体的コンプレックスを外国人に対して持っていた。ところがこのごろ「カッコいい」ってことばがはやってるでしょ、事実カッコよくなったわよ。カッコよくなりたいと思ったらからだまでカッコよくなっちゃう。日本人というのは、すごく怖い国民だなあ、と思った。

高峰　だからさ、あたしがぶつぶついってるのはぜいたくなのよ。日本人は戦争敗けたのにこれだけになっちゃった。それはすごい国民性だと思う。根っからだめな民族ならとうていここまできてなかったでしょう。だからこそ、あたしは欲が出ちゃって、もっとしっかりしてほしいのよ。

岸　このあいだ「戦争三十年」っていうドキュメンタリーを見たの。戦争のニュースをつないだものなんだけど、日本人が捕虜になるまいとして手榴弾で自爆するカットがあったの。メラメラとからだじゅう燃えながら倒れていく——「ああ、日本人！」と思ったら涙が溢れてきてとまらない。シャンゼリゼーの映画館でよれよれになって泣いた。

そのとき解説がいったの。「とにかく日本人の大和魂はすごい。二千何百人のうち捕虜になったものわずかに十一人、あとは全員戦死した。捕虜たちは野戦病院でとらえられたもので、もし、自分で動ける余力が残っていたら、彼らもまた自殺したであろう」と。これはたいした国民だと、すごく思ってるのよ、このフィルムを編集したひとたちも。

高峰　あたしだってよく思いたいんだなあ、日本人なんだから。でも、残念ながらしょっちゅう裏切られる。

岸　わたし、いまの若いひとはどうかわからないけどね、マスコミが書き立てるようなことはいずれにしても過渡期の一時的な現象で、また元に戻ると思う。

高峰　戻ってもらいたいけどね。一時的な現象にしちゃ長すぎるしさ。この子の、孫の、そのまた孫ぐらいになったら日本もいい国になってるだろう、なんて期待したりするけど、それまで生きてられるわけじゃなし（笑）、やっぱりいま良くなってほしいじゃないの。

岸　このままいったら、いい意味でも悪い意味でもすごい国になるわね。

高峰　あたしなんか教育ママ的かもしれないけど、まじめに勉強してる学生みると声かけたくなっちゃう。「しっかりしてね、あんた、頼りにしてるんだよ」（笑）。

岸　わたし、割り合いゲバ棒振りまわしたくなるときがあるの（笑）。旧体制がかちっとあり過ぎるでしょう、ぱっと壊したくなるの。

ただ、そのあとどうするか、建設図がなきゃいけないと思う。

高峰　やたら壊すだけじゃ意味ないよ。ひとの作ったもの、どんなちっぽけなものだろうと、意味なく壊すってわからない。歴史のあるものはなおさら。壊すまえになんでそうするのか、納得させてもらいたいですよ。

岸　打ち建てるものがなくて、ただ壊したいのね。要するに旧体制が嫌だという——これ、世界的な現象ね、現在。

根なし草

高峰　二年ぶりに帰ってきて感想はどう？　東京変わったでしょう？

岸　どんどん変わってゆく東京って魅力的でわりと好きなの。このまえに来たときは高速道路もまだ骸骨のようなのがニョキニョキ立っていて汚ない感じだったけど、こんどはなんだか素敵な外国に着いたのかなと思ったくらい。ただ、日本らしさみたいなものが失われていくのは、くやしいけど、やっぱり壊さなければ現在の生活が営めないといったこともあるだろうし——。

高峰　京都はいいなあ、と思って次に行ってみると、莫迦に大きいビルが建っていてがっかりする。だけど、京都のひとにいわせると、昔ふうのじめじめした間口の狭い家じゃ暖房もなにもできなくて凍え死んじゃう、こうせざるを得ないんだ、と。やっぱり歯みたいに抜け変わっていかなければならない。ただ、日本人の美徳といったふうなものまでなくしちゃうというのは、いやだな。

岸　ほんとに。

高峰　人間はどう？

岸　全体として素っ気なくなった。通りすがりの人にたいして、気にしなくなってきたわね。

高峰　最近は団地に住めるようになった。それは結構なことよ。だけども、ともなわないんだな、そこに住む人間が――。

岸　でも、日本人は団地に住めば団地的になるでしょう。順応性はあると思うの。ところが中国人というのはそうじゃないのね。香港の貧民窟はトイレもないくらいで、臭気がぱっと横に広がっていた。それじゃいけないというので、これを取り壊して高いビルを建てて収容した。なにか変わったか？　いままで横に広がってた臭気がピーンと縦になったっていうの（笑）。生活様式は絶対に変えようとしない。いまの社会では順応性があるということは大事なことじゃないかしら。

高峰　急激に変化するから――。

岸　そういうときには、すごくいいこととすごく悪いところと、両方でちゃうのね。日本がいまそうだと思う。

高峰　八百屋のおかみさんが奥さん、女中さんがお手伝いさん。この忙しいのにつぎつぎと呼びかたまで変えられる。お手伝いさんっていうのは、手伝い程度しかやらないってことよね、前より悪いわ。

岸　こんどびっくりしたのは「デラシネ」ってことばが頻繁に日本人の会話のなかに出てくること。これフランス語で「根っ子を引き抜かれた」ということなのね。でも引き抜かれた根っこはみずみずしくちゃんと生きている。その根を何処に植えたらいいかわからなくて、なんとなく浮浪している……浮き草みたいに。だから日本語では「根なし草」と訳しているのね。

高峰　根なし草か――そんなことばがいま日本で流行《はや》っているっての、いかにも象徴的ね。まさしく、日本をいい表わしてるわよ。

（『潮』'69年8月号）

兄妹のように過ごした16年

奥さま一年生時代

高峰秀子（47歳）
大宅　昌（64歳）

大宅昌（おおや・まさ）一九〇六―二〇〇七
評論家。ジャーナリスト・ノンフィクション作家の大宅壮一夫人。大宅の蔵書を元に設立された雑誌専門図書館「大宅壮一文庫」の理事長を七一年の発足以来終生務めた。「愉しく生きる老い」はベストセラーになった。ジャーナリストの大宅映子は三女。

「よい結婚はあるけれども、楽しい結婚はない」（ラ・ロシュフーコー）

いつもきれいな趣味のいいデコちゃんに会うのが楽しみで、気もかるがると出かけた。少しも気どらない高峰さん。大宅臨終のときのなみなみならぬ涙ぐましいご献身に対して、涙とともに深くこうべをたれた。あたりまえのことのように尽くしてくださった秀子さんご夫妻の真心に打たれた。私は、終生忘れることができない。

かねて、いいご夫婦と知ってはいたが、今宵、じかに聞くお二人の生活そのものは、これからの若い人たちの学ばねばならないことが随所に語られている。デコちゃんの英知に対して絶讃を送りたい。

冒頭の格言の両方とも実践されているお二人に「よい結婚はあるけれども、楽しい結婚はない」の〝ない〟を訂正しなければならない。

（大宅　昌）

映画よりむずかしい結婚

大宅　あなたの結婚は人もうらやむ模範結婚ということで、結婚一年生時代のお話を、皆さんが聞きたいと思うんです。私も含めて。

高峰　まだわかんないですよ。

大宅　でも十何年かたったでしょう？

高峰　ええ、もう十六年。

大宅　いまの人たちが結婚するときにはいろいろ取りざたされますが、あなたのときには非常に落ちついた……。

高峰　そうですねえ、私の結婚したときは、女優の結婚のはしりみたいなもんでしたね。結婚していても隠していたり、どうも不明瞭なのが多かったですね、あのころ。私はそういうことがいやだし、変に噂になったりするのもいやなんで、だからつき合った期間って、ほんとに数ヵ月なんですよ。そういう変な噂になる前にそうしましょうって、木下恵介さんが心配してくださって……。ですから、なかなかスマートにやりましたね。

大宅　いまはあまりにもプライバシーを探りすぎるので、いけないのかと思うんですが、あなたが非常に上手に結婚生活におはいりになって、自分の生活を物見高い人たちがとやかくいうことに対して、毅然とした態度でのぞみなさったからと思うんですが、そういうこと、ありますか。

高峰　際限ないんですね。プライバシーとか何とかいうけれども、守ろうと思えば絶対守れるもんなんです。当人がそのつもりなら。どっかだらしのないところがあるから、のぞかれたりなんかするんじゃないかと思いますけどね。だって泥棒じゃないんだから、夜中にこっそりカメラ持ってはいってくるわけにもいかないし、たとえば寝室を写させろなんていわれても〝いいえ、だめです……〟それで済むんですね。やはり一人じゃなくて、結婚したほうが、バチッと断われると思いますよ。〝私はいいけど、うちの旦那はそういうことが嫌いですから〟って。

大宅　それだけにあなた方の思うような家庭づくりがおできになったでしょうね。あなたの家庭づくりといえば、あなたが結婚なさるまでの映画づくりというものもあったわけですわね。

高峰　まあ映画つくってる方がやさしいんじゃないですか。そりゃあもう結婚の方がずっとずっとむずかしい。

大宅　結婚は自分の責任においてやらなきゃなりませんから。

高峰　結婚は相手が私じゃありませんし、私が相手じゃありませんしね、簡単にいえば。知らない人ですからね、あの人は。いまだってきっと知らないでしょう。

大宅　いっぱいあるわよ。私も夫が死んでしまってから考えてみたら、ほんとにみんな知ってるなんて言えません。わからないところがあってこそ、はじめてその生活の中に興味もあるんですね。あ、こういう面もあったのかって、長い間に発見していくわけでしょうね。

高峰　夫婦だから、お互いにどこからどこまで知り合えるなんて、結婚前の夢……。

　お互いに知りつくして自分の一部みたいに思うから、わがままも出るし、甘えたくもなる。甘えることは必要ですけれども、限度がありますから、やっぱり。

旦那は最高の理解者

大宅　あなた、結婚なすってから間もなくご主人が病気だったでしょう。ずいぶんご苦労なすったのでは……。

高峰　まあ、せっかく結婚したのに死なれちゃ困るから（笑）、人並みに看病はしました。腎臓結核だったもので、それからは私が口述筆記をするようになりました。それが時間的には、ちょっと思いがけないとられ方をしましたね。

大宅　じゃ、結婚なすってからしばらくは映画の方をお休みしていらしたの?

高峰　いいえ、休んでいるというよりも、結婚する前に……。

大宅　あ、そう、前にヨーロッパに行ってらして、帰って、うんと仕事なすったわね。

高峰　うんとって、そのときはそれがあたりまえだったの。ですから、結婚したら大体いままでの三分の一にしようと思ってましたから、何の抵抗もありませんでした。それをみんなあやふやにするから、こんなはずじゃなかったとかなんとかいうことになるんですよ。

大宅　ずいぶん計画的ね。そこがやっぱりあなたの偉いところね。あなたとご主人とは、合わせて一本になるようなお仕事ですわね、いうなれば。その意味では非常に話がお合いになるでしょう?

高峰　ええ……なんていうんでしょうね、向こうの方は、書くのは温泉旅館なり、うちなり、どこかに行って書く。こっちは現場の仕事ですから、似てるようで似てないんですよ。で、似てないようで似てる。だからちょうどいいわけ。これが両方とも俳優で、おんなじ撮影所でゴチャゴチャやったら、もうできない。私も相手が俳優だったら絶対結婚しなかったでしょうね。

大宅　仕事をセーブしてご主人のお仕事のときに、おうちにいらっしゃるように心がけられたわけでしょう?

高峰　そうです。映画の仕事はいまは二十日で撮るような忙しい仕事もありますけど、そのころはたいてい四十五日から五十五日ぐらい、べったりなんですよ。私の場合は企画から始まるでしょう、だからもっと前からですね。となると、一年に二、三本としても、やっぱり三ヵ月、四ヵ月かかっちゃうので、一年に二本ぐらいに切り詰めちゃったわけ。それでも一年のうちの四ヵ月は朝七時には出て行っちゃう、夜は何時になるかわからない。その間は妻としてはゼロで、いないと思ってもらわなくちゃならない。そのかわり、それが済んだとたんにうちにべったりいるわけで、その間できなかったこととか家庭のことを全部する……というふうに、割り切っちゃってたんです。ですからそこに何も問題がなかった。向こうの方は、やりたいんだったらいくらでもやりなさい、という態度ですしね。

大宅　それはずいぶん理解のある、あなたにとってはほんとに最高の理解者。

高峰　そうなんです。女優の仕事っていうのは、旦那の理解以外になんにもないんじゃないですか。旦那がよければ、何となく済んでいくんじゃないでしょうか。

大宅　その間、原稿もお書きになるでしょう？

高峰　私が〝書く〟といっても、雑文ですが。私は大体人前に出るより、陰の仕事の方が好きなんです。だからうちの台所で大根の皮をむいてる方がよっぽど好きなんですよ。うちで髪ふり乱していても、あぐらかいてても、書くことならできますし、その間、旦那のこともできるし、だんだんそっちの方に……。これも計画的にやってるわけです。

大宅　そうですか。あなたの随筆がずいぶん方々でもてはやされて、あれ、どっかの入学試験にまで出たでしょう。

高峰　でもまあ、私のはほんとうに学がないし、感覚派というのか……。

今は夫にぶら下がってます

大宅　私も、大宅の晩年に随行して、これ、ほんとの〝共稼ぎ〟だと言ったんですけど、あなたは初めからそうですね。

高峰　私、結婚する前に、自分の生活とか自分のまわりとかが、決まっちゃっていましてね。たとえば前の母が死んで私もそうだったんですが、方々の家へもらわれていった大勢の兄弟の面倒みなきゃならないとか、それを結婚によってパッと投げ捨てるわけにはいかないんですよ。家もありますし、女中さんもいるし、運転手さんもいるし……。一万二千円でした、松山の月給が。そうすると、これ、全然困りますね。だから暮らせる程度、自分が二、三本撮れば暮らせるんですよ。

ですから松山とお金の話をしたことがないけれども、一度だけ、私は一本これだけのお金をとってます。だけどこれは私が会社に要求したんじゃない、向こうがくれるんだからもらおうじゃありませんか。会社がくれるってことは、お客さんが見てくれることですから。そのかわり、あんたが仕事がどんどんできるようになったら、私はぶら下がって、そのお金で食べさせてもらう。どっちかが持ってるお金で暮らしましょう、という話をしたんです。そうしたら「ハイハイ」ということで、たいへんお利口な人ですから(笑)。

大宅　ずいぶんいいお話ね。

高峰　いまはもう私なんか全然映画に出ていませんし、出てもテレビの一本二本でしょう。松山の方が働いて、文句なく、けんかもしないで食べてるわけ。

大宅　じゃ、ずいぶんいいあんばいにあなたの計画が……。

高峰　ですから今度また向こうが病気にでもなったら、私また一生懸命やりますよ。

大宅　ついこの間、あなたのテレビ拝見しました。よかったわね。

高峰　そうですか。やっぱりテレビっていうのは疲れるんですよ、とっても。だからあんまり出ないんです。

大宅　私たち素人が見たら、テレビも映画も、そうたいして変わりがないと思うけれども、どうなんですか。

高峰　やっぱり五十日くらいかかってやるのを、一日で撮るんですからね、そりゃ、神経的にマイっちゃって……。テレビにはテレビの要領ってものがあるんでしょうけど、どうも私は固まっちゃってるもんで。

大宅　ところで、あなたはけんかはしないっておっしゃったけど、やっぱりならない？

高峰　しますよ。でも、決定的なけんかするときは離婚するときですから、決定的なのは、しないようにしましょうって。

大宅　小さいけんかはあった方が、生活にリズムがあっていいんですよね。

高峰　そうです。何でもハイハイって言ってたんじゃ、向こうも頼りないだろうし、こっちもつまんないし。

大宅　向こうも、こちらが投げてみてあまり反応がないとつまらないですしね。

それから、あなたの随筆なんかからも、うかがえるんですけれども、暮らしのセンス……。

高峰 そんなものありませんよ。無理して出してるんです。原稿料もらうから（笑）。

大宅 それと的確なものの考え方。それはやはり小さいときからの訓練からかしら？

高峰 どうかなア……。

大宅 もってらしたセンスかしら？

高峰 私は教育も何もないんですけどね、ひとつものを教わったらそれに固執しないの。もっと自由に考える方ですよね。たとえば、これが灰皿ですよっていわれても、灰皿だって何か違うことに使えないかしら、というようなところから出てくるんじゃないでしょうか。だから、とんでもないことをときどきしますけど……。そのデンで、旦那さんというものは、ヘイヘイと言っていつも柔順にして、三ツ指ついて、おいしい大きい方のお魚あげなきゃいけない、そういうものだと思わない。ネ？

大宅 そう、いまはもうみんなそうなんですけどね。旦那よりも子どもの方がよくなるような形ですけれども、でも、やっぱり……。

高峰 私が何か書いたり読んだりしているでしょ、松山が出かけるというので、玄関まで送っていくと「送ってきたりせずに、本を読んでいた方がいい」って……。向こうがそういう気持ちですから。そうかといって「そうお」って寝ころんで本を読んでるわけじゃありませんけど。でも向こうのそういう気持ちって、もしできないときに気が楽ですね。

いまのミセスはなまけ者

大宅　いまのあなたから、ヤング・ミセスをどういうふうにごらんになります？

高峰　そりゃ個人差があって、どうって言えませんけれども、一般になまけ者だと思います。ヤングも何もひっくるめて。

大宅　ひっくるめていまの奥さんは……。

高峰　うん、私もひっくるめてね。

大宅　それはいえますね。

高峰　外国なんかに行くと、ほんとうによく働きますね、女房というものは。外に出たときに夫がオーバー着せかけてくれたりするところだけ見て、アメリカの女性は、いばってるとか、幸せだとかいうのは大違いで、ほんとうによく働きます。それは暖房の設備もあるし、お湯も出るし、洗たく機もあるし、だから楽なんだと思うかもしれないけど、そういうことじゃなく……。もっと勉強する。

大宅　勉強するし、それから家の中をきれいに……。日本の人はなまけだしたら、そこら中ほこりだらけで、知らん顔をしているけれども、そういう面ではずいぶん家やファニチャーをきれいに……。

高峰　みがき上げてますよ、愛して。

それと、アメリカなんかだと、どうしても夫婦単位でしょう、どこに行くのも。パーティーなんかでも夫を補って社交界に出て、話をしなけりゃならないわけですよ。そして自分のうちのパーティーみたいなものでも、お互いにあっちの家庭、こっちの家庭でやりますでしょう。そのときには台所に引っ込んでいないで、自分が先になってお客さまのおもてなしをする。だから、どうしても洗練されていないと、夫が恥ずかしいことになるわけですね。そういうような勉強もします。まあ、日本にもそういう人、いるんでしょうけどね。

大宅　とにかくいまのヤング・ミセスは、やたらとご主人に何でもしてもらうのが能みたいな顔をしている面もあるでしょう。

高峰　そうですね。また、台所にはいったりなんかするのが好きな旦那もいるんですけど、そうじゃない人にそういうことをさせようってのは苦痛でしょう。旦那さんとしては。だんだん帰らなくなっちゃう。

大宅　あなたはお子さまがいらっしゃらないことに対し……。

高峰　ええ。いまはいちゃ困るくらい忙しいですから。そのうちさびしくなったら、五人か十人まとめてもらったらいいんじゃないですか。

大宅　ああ、なるほどねえ。

高峰　そういうふうに、またこれも自由に考えているんです。

大宅　なかなかあなたもおもしろい考えを持っていらっしゃるわね。

高峰　そうですか、どうってことはないですよ。どっちみち、そのうちくたばっちゃうんだから（笑）。

大宅　そりゃそうなの。それをあなたがこんなに早くおわかりになるのは、やっぱり偉いわ。

高峰　ませてるんですよ、私は。だって五つから子役していますでしょう。大正生まれですけど、そのときまわりは明治生まれですから。全部おとなの中に子どもがはいったり見てるだけでませますね。

大宅　ほんとに高峰さんを語れば映画界の歴史を語ることになるといわれているくらいですから、非常に立派な存在ですね、あなたは。

高峰　古いだけですよ。でも長くやっているということは、その時代時代に乗っていかなくちゃならないから、ひとつのことにこだわっていられないんですよ。だから、そういうふうになっていくんじゃない？

大宅　それをあなたは、順応する前に、自分でそれを越えていらっしゃると私は思うんですけど。ふつうは順応していくんですよね、中にはいって。

あなたのは順応じゃなくて、順応する前に一足先に歩いていらっしゃる感じがするんだけれども、どう？

高峰　いやいや、そんなことないですよ。キョロキョロあたりをうかがって、じっと見てて、あ、こりゃ間違いないと思うと、のそのそついてくの。

大宅　いま子どもがいたら困るし、ほしくなったらまとめてもらうとおっしゃった。たいへんおもしろい考えだと思うの。私たちでも長い間かかって育ててきても、おしまいに一人もいなくなっちゃう。

ですから私、お子さんのない方を慰めるときに、いつもそう言うの。結果において持ってるのも持ってないのも同じことですよって。

そりゃ、心のよりどころとか何とかはあるにしても、最後のどたん場は、みんな自分の子どもといえないですものね、よそに行ってしまってるんですから。

高峰　ことにいまはそうでしょう。

大宅　そういう考えでいらっしゃることは非常に賢明なことで、大いに学ぶべきなんですが、私、もうこれからの参考にならないんで、ちょっと残念です。

高峰　子どもって三つぐらいまでじゃないですか、自分の自由におもちゃにしていられるのは。

大宅　いわゆる愛玩用というのはね。いつまでも愛玩用では大変。そのあとは、みんな自分の意思で行動をはじめます。親の意のままになるものではありません。だからあなたの考え方は平凡じゃないんですよ。

高峰　平凡ですよ。とっても平凡ないい人です（笑）。そりゃ私だって結婚したんだから、ほんとは産めばよかったんでしょう、松山の子どもを。できなきゃ、しようがないんだもの。

性格の相違はあって当然

大宅　あなたの結婚する前の結婚観と結婚なすってからの結婚観とは違いましたか。

高峰　いいえ、全然違いませんでした。ただ松山が忙しくなりすぎました。でも、物事そうよくばかりいかないから、ちょうどよくなくとも、何とかつじつま合わせるようにしてるだけであって。

大宅　ご主人が忙しいことはいいことですよ。

高峰　ええ、いいことなんですけれども、ちょっと度が過ぎちゃってて、体悪くしたりなんかしますから、そういうことは計算にはいっていなかったですけど、だいたい思ったとおりですね。それまでに、いい例より悪い例をたくさん見ていますから、ちょっとやそっとのことじゃ、全然びくとも驚かないですよ、私。

それから貧乏もこわくないですね、貧乏もしましたから。そうかといって、いま突然貧乏になったら困ることは困るけど、それでしょげたりなんかしません。何とか生きていけるもんですよね。

大宅　特にあなたなんか自分に自信がありますから、いままでのキャリアが……。

高峰　だけど、たとえば家政婦してもできる、私。

大宅　できる？

高峰　できる。自信をもって言っちゃったりして……。料理の方はあんまり自信ないけど、掃除とかそういうことは一応できる、計算ができない（笑）。

大宅　あなたと松山さんとは趣味なんかも一致しているの？

高峰　どうでしょうね。

大宅　合わせているの？

高峰　趣味なんかないな。ゴルフやるわけじゃないし……。

大宅　音楽なんかは？

高峰　聴いてる暇ない。食べることぐらいでしょうね。

大宅　食べることが一致していたらいいわね。

高峰　これは、つまらないことのようですが、いちばん大事なこと。うちは正反対ですよ、性格は。でも食べるのが好きだから、どっちかが「うまいもの食べに行こうか」って言うと「いや」とは相手が言ったことないから、ここのところで解決ついちゃう。

大宅　性格が正反対というのは、かえって合うんですよ。あんまり同じだと合わないっていいますでしょう。いま別れる人はみんな〝性格の相違〟と言うけれども、同じのはありえないんです。

高峰　ありえないし、同じだったら一人でいいじゃない。二人いらないんじゃない？（笑）。でも離婚するときは、性格の相違って言いたくなるんでしょうね。

大宅　私のところなんかもよく言ってたわ、性格の相違ってあたりまえじゃないか、何も離婚の理由にはならない、なんて笑っていましたけれども、しかしむずかしいでしょうね、それは。

高峰　性格が相違してても、若いときはいろいろ色気もあるし、両方が両方のことを考えてあげるから、思いやりみたいなものもたくさんあるだろうし、そういうことでがまんしているんですよ。
それがある程度の年になってくるとお互いに固まっちゃってきて、がまんができなくなって、きのうまでは許せたのに、どうしてもそれが許せなくなって、それがとうとう爆発して、性格の相違ってことになるんじゃない？　慣れてくると、どうしても地金《じがね》が出てきますし。
大宅　結婚なさる前に、自分の心を打ちあけて話をする人はいましたか。
高峰　ひとりもいません。
大宅　そういう意味では結婚なさってよかった。
高峰　うちの女中さんで、ちょうど私たちが結婚したころからいる人がいるんです。もう六十幾つですけれども。その人が「このうちのご夫婦は子どもなんかできないのがあたりまえだ」って言うんです。変な意味じゃなく。もう仲のいーい兄妹みたいだって。
暮らしているのを十六年間見ててそう言うんですよ。両方とも〝オイ〟呼ばわりですしね。
大宅　あら、そう。

高峰　「オイ」って言ってる、フフフ。全然ふつうのご夫婦っていう感じじゃないんですね。

大宅　あなたも、そういうのが性に合ってるわけね。

高峰　うん、性に合ってる。

大宅　でもあなたの道は、わりと恵まれた道だったんじゃないですか。

高峰　ええ、そうです。

　仕事のうえでは、五つのときから断わる方の側に回ってますから、その点は、何とか世に出たいとか、ああいう役やりたい、とかってもがいたりした覚えはひとつもないですね。

大宅　いろいろ作品に対しての批判もなすったらしいし……。それがちゃんと取り入れられて自分の思うような仕事ができたということは、ものすごく幸せないい道だったと思いますね。

　きょうは高峰さんの本心にふれた思いでスーッとしました。どうもありがとうございました。

（『マイライフ』'71年4月15日号）

頑固なふたり。

高峰秀子（57歳）
原由美子（36歳）

何も知らなかった私は高峰さんのほとんど聞こえないという左耳側にすわって話し始めてしまった。「聞こえないから、発声からやり直して」と言われドッキリ。気をとり直して位置を変え、対談では興味深いお話が沢山伺えた。後日、といってもだいぶ後、人を介して小さなレンゲを五ついただき、荷物を整理されたことを知った。すぐにお礼状を書かなかったことをいまだに後悔している。最近出版される斎藤明美さんによる著書を読むのは目下の楽しみのひとつ。三十年以上も前にお会いした時に感じたことが再確認できて嬉しくなったり、懐かしささえ感じたり。少しの時間、一度だけ会った方とは思えない何かがあった気がする。

2012 **（原由美子）**

原由美子（はら・ゆみこ）一九四五―
スタイリスト、ファッションディレクター。雑誌「アンアン」（平凡出版、マガジンハウス）創刊に参加、以後、数々の雑誌のファッション頁に携わる。著書に、「スタイリストの原ですが」「原由美子のおしゃれ上手」「きもの着ます。」「原由美子の仕事 1970→」「原由美子のきもの暦」など。ミモザ賞受賞。

原　高峰さんは、もう女優さんというより文章をお書きになるのが本職になっていらっしゃるようですけれど、今までに何冊くらいお出しになりましたか。

高峰　さあ、十一冊ぐらいかな。長いこと人の書いた台詞ばっかりしゃべってましたから、いっとき自然に自分の口からドロドロっと出たんですけれど、もう品切れです（笑）。

原　最初、すごく印象に残っているのは、『ミセス』に連載された『瓶の中』。

高峰　ええ。

原　とくに沖縄のガラスの話が印象的で、それから沖縄のガラスや瓶を買い集めたこともあったんです。『つづりかた巴里』とか『わたしの渡世日記』を読ませていただいたのは、この二、三年なんですけれど、とても面白くて。小さいとき親の好みで、日本映画をあんまり見ていなかったんですが、本読んでみて、もっと見ておけば良かったと思っているんです。

高峰　いえ、関係ありませんよ、映画とは（笑）。見ていただかなくて良かったですよ。

原　テレビの名作劇場なんかで、ときどき放映していますね。

高峰　本当にいやですね（笑）。それこそテレビなんかに昔の自分が出てくると「お化けが出た」なんて言っているんです。まったく下手クソな演技でね、よくあれでお金がとれましたよ。いい時代でしたね。

足で書く典子ちゃんの字。私よりよほど上手ですよ。

原　ご主人の松山善三さんが監督なさっている『典子は、今』（サリドマイド禍を克服し、熊本市役所職員になった辻典子さんの半世記）、あの映画、十月の第一週に封切ですって？

高峰　ええ。文部省特選になりました。

原　高峰さん、出演はなさっていらっしゃらない？

高峰　典子ちゃんの演技指導というか、お手伝いしているだけです。人に何か教えるということがいかに大変か、裏方をやってよくわかりました。女優のほうがよっぽど楽です。

原　つきっきりで教えられたわけですか。

高峰　そう、始まるずっと前からね。初めのうち困っちゃいましたねぇ。やっぱり素人の娘さんだし、できなくてあたりまえでしょ。でも、やる気はすごくあるから「あなたがうまくやらなければ、相手役のお母さんの渡辺美佐子さんも、六十人ぐらいのスタッフみんなが迷惑するんだから、やるまで終らないんだよ」って、厭味をうんと言ったわけです。

原　お芝居、上手になりましたか。

高峰　最後のころなんて、すごく上手になりました。びっくり仰天です。

でも、いい子でね。天才的なんじゃないですか。〝一芸に秀《ひい》でる〟というけれど、手がなくて足であれだけいろんなことができるということは、それだけ、ものに興味を持つわけでしょ。障害者でも、「こういうことは、私にはできない」と初めから諦める方が多いんじゃないかしら。彼女ができないことって、ほとんどありませんね。

原　私の手より器用でしょうね。

高峰　そうですよ。私なんか二本の手がなんのためにあるかわからない。あの子、泳ぐでしょ。かわいいんですよ。両腕がなくても人魚みたいにすごいスピードで泳ぐんです。ミシンができるでしょ。編み物もします。それに字は私なんかよりずっと上手。それから何ができるかな……。つまりできないことがないんです。

原　全部、足で？

高峰　なにもかも。しまいに、感動しなくなっちゃって、当たり前みたいな気がして。隣でご飯食べてても、腕があって、それで食べているとしか思えない。

原　食事をする時は、大変でしょうね。

高峰　初めて見る人はびっくりするかもしれませんけれど……。そうそう、物をつかむということができないんですよね、湯呑茶碗とか。お茶でも、コーヒーカップみたいに把手があれば、もう平気です。

それからお酒のぐい飲みね。あれも持てない。できないことっていったらその程度ですよ。私はいつもストロー持ち歩いて、なんでもそれを使って飲ませましたけれど。

原　すごく明るい性格だそうですね、そういうこと自分ではあまり気にしていなくて。

高峰　うーん、そうね強いんですね。明るいというより、しらけてます。さめちゃっています。

町名変更反対！「台」がつけば、いいってもんじゃない。

原　町名変更に反対していらっしゃいますね。高峰さんのお住まいになっている「麻布永坂町」、まだ元のままですね。

高峰　役所の係の方が人事異動で、二年ぐらいで替わっちゃうんですね。その間、「変えられたら困ります」って、あれこれ説明していると、新しい人に替わるでしょ。毎年説明しているうちに……。

原　担当者が異動になるわけですか。

高峰　うちの近くは、「麻布台」になっちゃったんです。で、「どうして〝台〟がついたんですか」ってきいたら、〝台〟がつくと、ちょっと上品な高級な感じなんだって。「じゃ、風呂屋の番台とか、台所とか、みんな高級なんですね」と言ったら、黙っちゃった。そんなことしてるうちに二年経つわけ。

原　米沢市などは全市挙げて旧町名に戻す運動してるみたいですね。いま、どこの区にも「本町」とか、「中央」というのばかりでしょ。

高峰　でも東京の人って、寄り集まりだから、あんまり愛着がないのね。台所でも番台でも麻布台でもいい。いつ引っ越すかわからないし。それで、とてもやりにくかったけれど、無理ないなと思いました。

「この家、売って下さい」「OK」トマト買うみたいね。

原　今のところにどれぐらい住んでいらっしゃるんですか。

高峰　三十年ぐらいかな。

原　家を買われたときの話、本にお書きになってたけれど、高峰さんらしいなって気がしました。

高峰　でも、家なんて不思議なもんですね。私、誰も相談する人がいなかったでしょ。

映画のロケーションに行ったとき、とってもいいところで、こんなところに住みたいなって思ったんです。そのときの運転手さんが麻布十番に住んでいたので、「ここら辺に空家ないかしら」って言ったら、次の日、「一軒あります」と教えてくれた。お風呂屋へ行ったとき、隣の人に聞いたんだって（笑）。

原　不動産屋さんなんか出てこない？

高峰　で、よせばいいのにひとりで行ったの、「こんにちは」って。英国人が出てきたので、「このうち、お売りになるんですか」って聞いたら、日本人の奥さん呼んでね。その人、私の顔見て変に思ったでしょうね。二十五歳の小娘が家買いにきたんだから。「売ります」と言うから「幾らですか」「五五〇万です」「じゃ、私に売ってくれますか」「ＯＫ、いいですよ」で決まっちゃった。そんなバカなのある？　トマトでも買うみたいに（笑）。

原　すごく簡単なんですね。

高峰　向こうも簡単だし、こっちはちょっと図々しかったの。そうしたら隣の人が怒ったのね。「女優なんかに売って毎日パーティでもやって騒がれたら」って。ところが、英国人が引っ越して行って、いつまでたっても空家のままだな、と思っているうちに、私たちが住んでいたんですね。お手伝いさん二人と私だけですから静かなもんですよ。隣に電話借りにいったら「エッ住んでたんですか」なんて、向こうが驚いちゃってね。

原　女優さんというのは、毎日毎日パーティでもやっていると思われているんでしょうか。

高峰　いまだに仲良くお付合いしていますけれど、「あのとき、本当に腹が立ったのよ、女優なんて」とおっしゃってますよ。そう思われるのが女優ってものなんです。

高峰「洋間に座布団です」／原「畳の部屋が欲しくなった」

原　ずいぶん昔、その家を建て直されたときの図面が婦人雑誌に載っていましたけど。

高峰　エッ、すごいわね。泥棒みたい（笑）。

原　洋間が広くて、とっても好きな家だったから、切り抜いてとっておいたんです。洋館みたいな。

高峰　洋館なんですけれど、二階の寝室に炬燵《こたつ》を置いて、座布団ふたつ置いて、どっこらしょと座らないと、なんとなく落ち着かなくて。

原　私も、実家が全部日本間で、洋風のところに住みたいと思っていたんです。でも、今、全部板の間のところにいるけれど、やっぱり畳が欲しいって、このごろ思うようになってきました。

高峰　私も、なんだかんだ言っては、お手伝いさんの部屋に入っていくから、いやがられるのね。

原　畳が敷いてあるんですか。

高峰　ええ、その部屋だけ。

原　設計は高峰さんがなさった？

高峰　建て直すとき、中身が全部ありましたでしょ。だから急にモダンなうち建てると、中身も全部取り替えなくちゃならない。中身に合わせたんです。

原　写真で拝見すると、いろんなものが合っていますものね。

高峰　古いものが好きなんです。古いものの中にいると落ち着くもので。仕事は前向き、生活は後ろ向き。

贈り物って難しい。結婚祝いに壺が三十五個届きました。

原　いただきものでも、気に入らなかったら全部処分なさるそうですね。

高峰　だから、だんだん人がものをくれなくなりましたよ（笑）。でも、お中元とお歳暮のときはたいへん。

原　私もそんなに量は多くないけれど、嫌いなものはすごく気になるから処分したいと思うんです。でも、ケチになるというか、潔くはできないから、どうなさってるのかなと。

高峰　気に入らないものを人にあげるのも難しいしね……。いただきものをみんなうちの中に置いとくと、デパートの特売場みたいになっちゃうし。結婚したとき、壺が三十五個きましたよ。

原　どうして壺なんですか。

高峰　〝どうして壺〟って随筆書けますね。自分がいいと思うものを、つまり、自分を押しつけるんじゃないですか。

原　それは人も必ず喜ぶという。

高峰　全然夢がないけれど、一番嬉しいのは商品券や読書券だったり、お花の券だから、どうしても贈らなくちゃならないときは、そうしています。ズバッと、「ネクタイ買おうと思ったけれど、趣味がわからないから自分で買え」というカード付けてね（笑）。

原　お花の券は嬉しいでしょうね。お花ももちろん嬉しいけれど、うちの花瓶に入らないようなお花いただいちゃうと、大きい花瓶のある人のところまでトコトコ歩いて……。それを喜んでいただければいいんですけれど。

高峰　お花も限度がありますね。私、花が好きで、うちに花がないと、とっても寂しいの。で、花屋さんへ行って、高いなあと言いながら買って帰ると、ふたつぐらい届いていたりしてね。花というのは玄関と応接間、食堂、寝室、それにお手洗いぐらいで、他にはいらないでしょ。同じ部屋に三つも四つもあったらいたたまれないわ、気が散って。頑固になっちゃったんですね。

原　お花でも嫌いなものがあるでしょ。

高峰　家に合わない、たとえば真っ赤なカーネーションなんて困っちゃうんです。大体、茶色とかゴールドのようなもので統一していますから、黄色とか白なら合うんですけれど。

それに私、手芸品を贈るのは罪悪だと思うわ。自分の作ったものは、どんなに心がこもっていても、やはり素人の作ったものなんです。それにレースで編んだ敷物の上に何か置くっていうのが大嫌いなの。そのものだけポンと置きたいんです。

原　手作りのものって、心がこもっている分だけ怖いですね。

高峰　そうなんですよ。

イヤなものは絶対に置かない。子どものときから頑固でした。

高峰　だから、うちを好きなようにしておくというのは、すごい努力ですね。

原　洋服はきちっとたんすひとつ分だけで、新しくお作りになったら一着処分していらっしゃるんでしょ。

高峰　やってます、やってます。バザーによく出すんです。

原　そういうやり方にすごく憧れているんだけれど、できない。で、いよいよ困ると、鎌倉の母のところに送っちゃうんです。

高峰　でもいやになると、「あそこにあるな」と思うだけでいやなの。夫も慣れてきて、私がいやそうに見ていると、「きみ、これいやなんだろう。僕が持っていくよ」って、自分の書斎にみんな持っていっちゃって、ゴミだめみたいになっているんです。見えなくなっても、自分のいる場所に、それがあるっていうだけで耐えられないんだから。

原　私にしても、先に延ばしているだけなのね。いつかは決断しなくちゃいけないんですから。

高峰　子どものときから、五つのときから自分のお金でもの買ってるでしょ。子ども心にもわかるんですよ——自分が稼いで買ったものなんだと。だから、親がピンクにしろって言っても、私が白だと思ったら白なのね。小さいときから頑固だったの。

いやなものは絶対置かない、というのも、そういうところからきたんですね。自分でもかわい気がないと思いますよ。でも、やっぱり嫌いなものは誰からいただいたものでも受けつけないんです。

原　親と一緒に住んでいたころから、周りを自分の好きなようにしたいという気持が強くあって、今なんかは、絶対好きなものしかないはずなのに……。ダメッていうのはないんですけれど、別のものを見つけたら変えたいというのはありますね。

高峰　私は亀の子ダワシひとつでもいやなの。

原　そういう日用品のほうが、いやになったら使えないというのが強い。

高峰　そうなの。お手伝いさんって、奇妙なもの買ってくるでしょ。お風呂場洗うときの長靴とか。どうしてあんなのがあるの、はだしになったらいい。いくら私が、「これなら色がなくていい」と亀の子ダワシ買ったって、黄色いホーキやオレンジ色の長靴があったら、もうだめ。気分悪くなっちゃう。

魔法びんや電気釜の花柄にも、一時、ずいぶん悩んだわ。

原　このごろ、無地のものとか、わりと選べるようになりましたね。

古伊万里の皿にケーキでも、ダンスクのカップなら合います。

高峰　日本人は色音痴じゃないですか。

原　わりとゴタまぜは平気みたいです。ただ、最近ちょっと変わってきているみたいで、冷蔵庫の柄だってないものが多くなっているでしょ。

高峰　でも、柄のあるのを買う人のほうが多いんだそうですよ。

原　そうなんですか。

高峰　日本ってね、番傘があって――、番傘ってのは古いわね――蛇の目があって、こうもり――これも古いわね（笑）。ええ、アンブレラがあるでしょ。下駄と靴にしても、全部二通りあって、それだけでくたびれるのに、またゴタゴタと。どうするんですか。

原　食器も和・洋・中ってありますしね。私は和食器というのは全部受けつけると思っているんですけれど……。

高峰　食器ねえ。

原　藍の和皿だったら、ステーキと野菜載せたってきれいだし、お刺身ももちろんいいでしょ。でも白で金線の入ったお皿にお刺身盛ったら、気持悪くて食べられませんね。

高峰　そうそう。

原　初め、洋食器の色とパターンが好きで一応揃えたけれど、ちょっと集めた古い日本のものって、それに何を入れても楽しくなるんです。その意味じゃ、日本の食器ってすごいと思います。

高峰　そう言われれば、うちも、「これは洋食器」というようなものはありませんね。ケーキなんかも古伊万里の皿に一つだけポンと載せたり。

原　だんだんそうなっていくんじゃないですか。でもデパートに行くと洋食器のほうがいっぱい売ってるんですよね。やっぱりお肉食べるときには、金の縁だったり、洋風のお皿に載せて食べたいと思う人が多い……。

高峰　いるんでしょうね。古伊万里のお皿にカステラ載っけて出すのもいいけれど、コーヒー茶碗が、ロイヤル・ダルトンとかじゃおかしい。うちはダンスク使っているんです。薄いグレーで藍の縁の。あれだとそんなにびっくりしませんね。

原　そういう組合せ考えるって、すごく楽しい……。高峰さんなんか、もう習慣になっていらっしゃるんでしょうね。

「買わない、買わない」で三ヵ月。その反動が恐ろしい。

高峰　小さいときから古いものが好きで、どんどん集めてね、今は、「もう買わないの」が夫婦の合言葉。とっても寂しいわ。それに、もう死ぬほうが近いわけだし、遺言書いて、川喜多さんのところのフィルムセンターに寄附することにしてるの。この年になるまで、映画ひと筋で食べさせてもらったんだから。

原　でも、お店を覗いて、いいものを見るというのは……。

高峰　すごく好きですねぇ。これはもう、しようがない。

原　私は仕事にかこつけているところもあるんだけれど、洋服なんか結構多いんです。それで、「もう買わない」って決心するんですけれど、三ヵ月我慢すると、その反動でいっぺんに買ってしまう（笑）。

高峰　それに、突然全部いやになっちゃう。洋服だけじゃなく、骨董でもそうね。たとえば蛸唐草《たこからくさ》でも一生懸命蒐《あつ》めて、ある日みんないやになるの。

原　ああいう柄でも、そういうことってあるのですか。

高峰　あるのよ。

原　写真で拝見したの、すごく好きだったんですけれど、手放された？

高峰　ウフフ、あまり手放すことはないけれど、中途半端なものって飽きるのね。もっと良いものが欲しくなる。

原　いつも見えるところに置かなくなるとか。

高峰　いいえ、しまうだけではだめ。違うものと買い替えるとか、なくなってもらわなくちゃだめ。

原「女優らしくない人ですね」／高峰「女優らしいって、何？」

原　パリで暮らしてらしたときの話を読ませていただくと、普通の女の子みたいで、すごくよくイメージがわかるんです。洋服にしても黒とか茶がお好きでしょ。なんだか、女優さんらしくない人だなと思っていたんです。

高峰　私は、どうも女優がいやなのね。女優らしい人とか、らしくない人って言うでしょ。女優らしい人って、どういう人ですか。

原　なんとなく思うのは、たとえばお化粧して人の前で演じることが、そんなに苦痛じゃなくて。たとえ苦痛が……。

高峰　苦痛じゃないのよ。好きなのよ、みんな好きなの。

原　演技するという苦痛はあっても、ひとつの映画の中で自分を出して、観客が喜んだり悲しんだりすることで充足しているということじゃないんですか。

高峰　見られているということが喜びみたいですよ。

原　周りの人が女優らしさを要求することってありますね。街を歩いていても、すぐ人だかりがしたり。

高峰　それがとても嬉しい人と、私みたいに、「女優はここまで。素顔は違うんだからほっといて」という考え方の人と、二通りいるんじゃないですか。

原　外国に行って、街で有名な俳優に会ったりすると、私なんか、「あっ」と思って、見てしまうんだけれど、周りを見てると、そんなに騒がないんですね。いわゆるスターが普通の生活をできる部分が残っているみたいですね。

高峰　昭和二十五、六年ごろですか、パリに行ったとき、レストランでご飯食べていたら、「あなたの後ろにルイ・ジューヴェがいるわよ。だけど振り返っちゃだめよ」って言われましたね。日本だと、駆け出してきて前へ回って覗き込むでしょ。あれ、自分のことわかんないのかしら。私だってその人のこと見えるのよ（笑）。ああいうときって、自分がなくなっているんでしょうね。

いやだと思った女優業だけれど、得したこともあるでしょうね。

原　だいぶ前から、女優を辞めるっておっしゃっているでしょ。

高峰　詐欺ですね（笑）。

原　辞められないものですか。

高峰　結婚するときにもう辞めたいと思ったけれど亭主の給料が一万三五〇〇円でしたし。それに、なんていうか長く女優やっていると、義理ができるんです。たとえば木下（惠介）先生に、「ねえ秀ちゃん、これに出てよ」っていわれると、「いいえ、私は辞めました」というほどの女優じゃありませんから、ヒョコヒョコ出ちゃう。

原　気に入った原作や好きな監督さんの作品にたまに出るのは楽しい……。

高峰　いいえ。

原　でも、女優をなさっていたから会えた素敵な方は沢山いらっしゃる？

高峰　それは絶対にいえますね。いつも思うんですが、いやだと思いながらも、ひとつのことを何十年も続けてきたお陰で、もし信用みたいなものがあるとすれば、それができたわけですから。いろんな方に会えたり、すごく得をしたかもしれませんね。

（『クロワッサン別冊　原由美子の世界　'81－'82秋・冬編』'81年10月／『原由美子の仕事　1970→』ブックマン社、'12年7月）

齢をとってわかること

高峰秀子（66歳）
佐藤愛子（66歳）

佐藤愛子（さとう・あいこ）一九二三–
作家、エッセイスト。作家・佐藤紅緑の次女。「文藝首都」同人に。最初の著作「愛子」で文藝賞、「戦いすんで日が暮れて」で直木賞受賞。「血脈」（菊池寛賞）「晩鐘」（紫式部文学賞）など。エッセイに「九十歳。何がめでたい」など。旭日小綬章受章。

「明日でいいや」は齢のせい

佐藤　今日は何をお話ししますか。

高峰　何にもお話はないんですが、私、佐藤先生のファンでございまして、もうすぐ死にますから（笑）、会いたい人には会っておいたほうがいいと思って。私が会いたいのは、佐藤愛子と内田百閒の二人だったの。

佐藤　それは光栄です。

高峰　内田百閒はものすごくおっかないタコ入道らしいけれど、駄目もとだと思ってあるとき手紙を出したの。長い手紙はいやですから、簡単に「私はファンでございます。いっぺんお目にかかりたいと思います。高峰秀子という女優でございます」と。そうしたら、「自分の目の前にはいま手紙と雑誌が山積みになっている。あなたの手紙を拝見したけれど、その山をだんだん消化していくと、お目にかかるのは、夏がすぎて夏の次には秋がきて、秋の次には冬がくるから、いまいつということは申し上げられない」という手紙を頂いたの。それがチビチビした字で、ぜんぜん人物と合わないのね。ちっちゃな字で「内田栄造」なんて書いてあって……。

でも、とっても嬉しかった。で、待てど暮らせど、冬になっても夏になってもぜんぜん駄目なの。そのうち亡くなっちゃった。それで、もう一人残っている佐藤先生にはどうしても会おうと思ったの。一方的でごめんなさい。

佐藤　それはどうも。齢の話でいうと、六十代ってやっぱりしんどいという感じですね。

高峰　六十代といっても、七十に近いほうで……。

佐藤　ええ。私は、十一月五日で六十七歳になりますが、いちばん気力と体力が充実していたのは四十代です。

高峰　そう、四十五までですね。

佐藤　それで、五十代に入った時に、「ああ、四十代は元気だったな。五十代に入ると違うな」。六十代に入るとまた、「五十代は元気だったな」と思った。

高峰　日がたつのがひどく早いですね。五十をすぎると早いけれども、五十五すぎるともっと早くて、六十になったら「あれっ、一昨日、正月だったのにまた来ちゃった」みたいな。ということは、齢とってくると、することが多くなるんじゃないですか。たとえば歯を磨くんだって、若い人より時間がかかるでしょう。

佐藤　あっ、そういうことが多いわね。老眼鏡も洗わなきゃならないし。入歯も洗わなくちゃならないし（笑）。そうそう、あるある、確かにある。

高峰　そういう変な雑用が増えるの。そしてテンポが何でも遅くなってくるの。まっ、佐藤先生は肝が据わって齢とっていらっしゃるからいいけれど、こっちはギクシャクギクシャクしていますよ。

佐藤　いやあ、据わっていないですよ。でも、いちばん感じるのは、気力の衰え。

高峰　「この用事は明日でいいや」となったらもうお終いですね。私は、老いるって、白髪でも皺でも何でもないと思うの。「明日でいいや」、これがいちばん「齢かな」って思う。

佐藤　私は、お客好きのほうだったんですよ。今日は誰か来るというと必ず手料理を作っていたんだけど、それがもう億劫で。だんだん呼ばなくなりました。明日でいいやじゃなくて「もうやめた」ですよ。

もう、くたびれたくない

高峰　私は普通の人とはまったく逆なんです。若い時は台所でも何でもやって、お客さんもして、齢とってだんだん体力が弱まってきたら、お手伝いさんに助けてもらって楽チンするというのが普通でしょう。私の場合は、若い時には好き嫌いに関係なくスターという名前でございまして、お手伝いさんが五人いたり七人いたり。働き手は私一人で周りが十九人いたり何かして、ワアワアという中で暮らしていましたでしょ。だけど、人にくたびれちゃいました。そういう生活につくづく疲れましてね。それで、これを解消するにはどうするか。とにかくぜんぶやめて一人になる。亭主（松山善三氏）と二人だけになる。と思ったのがついこの間ですよね。それまでは、そんなことはいっていられない。働かなくっちゃなりません。そんなこんなで、遂に、家をブッ壊しました。家が大きいから人が来る。そうでしょ？

佐藤　アッハハハハハ。

高峰　十二人前のお椀があるから十二人来る。お椀を二つにしちゃえばいいんですよ。

第一、部屋が九部屋ありました。それで大勢人がいる。二所帯いるみたいな感じなんですよ。自分の目が届かないものが家の中のあちこちにあってイヤでね。人に辞めてもらうということは、家をブッ壊しでもしなきゃ解決つかないと思った。で、思い切ってぜんぶに退職金を出して、パッとやめたんです。

佐藤　何年前ぐらいですか?

高峰　三年になります。とにかく、土地だけにして、そこへ、夫婦二人っきりの三部屋の家を建てました。それで、私いま一人でやっているの。くたびれてくたびれて。

佐藤　ご亭主にはくたびれないですか?

高峰　えっ?　あれもくたびれるけれど(笑)、亭主はいてもらわないと困る。

佐藤　じゃあ、やっぱりいいご亭主なんだわ。

高峰　いいです、たいへんいい。お兄さんであり、長男であり、お父さんであり、お祖父ちゃんであり、先生であり、この人にいてもらわないと困る。この人のためにくたびれるのはいいけれど、お豆腐一つ買いにいくのでも、自分でいく。逆なんですね。くたびれたという齢になってから、一人になるっていうのはメチャクチャですよ。

佐藤　齢とったら一人がいいですよ、楽で。でも、ご亭主にくたびれないというのはいい。たいていは、われわれの齢になったら、ご亭主がいることにくたびれている人が多いのよ。

高峰 だって、ほかにいないんだもの、子どもがいませんからね。

佐藤 私なんかは、北海道のとんでもないところに家を建てたんですが、あの時に、「ああ、亭主がいなくてよかった」と思った。亭主がいたら当然反対するんですよ。その後も「亭主がいなくてよかった」ということを、何回思ったかわからない(笑)。

高峰 この前、占いの人にみてもらったら、「高峰さんは、どこか田舎のほうに深い穴を掘って、その底に一人でじっとしゃがんでいたいのでしょう」というから、「そうなの」といったら「そういう人なんです。よくまあ女優なんてやっていましたね」って。そういう人間がそういう世界で、「厭だ、厭だ」と思って五十年我慢するのは、たまらないです。いまいちばん幸せです。

佐藤 そうなんですか。

高峰 亭主がいると、しようがないからニッコリしているけれど、いない時はブスッで、ひどいですよ。プラスチックのカップでウィスキーを飲みまして、缶詰を開けて、割箸でペーパープレートで。台所に立って食べてポンと捨てちゃう。そのぐらいものぐさなの。ほんとうは。

ある時、ひとつインスタントラーメンというのを作ってやれと思って、お鍋に作って、鍋ごと食べたら唇をベロッと火傷しちゃった（笑）。

若いときと違うこと

佐藤　私は一人でしょう。夜ベッドに入ってからちょっと気分が悪い時なんか、「これは、明日の朝、死んでいるかもしれないな」と思う。家事手伝いの人が九時に来るけれど、私が不規則な生活をしているから、死んでいても寝ていると思って放っておくでしょう。そして昼すぎになって、「いくらなんでもおかしいな」と思って見にきたら死んでいる、ということになるんだろうなと思う。その時の私の死に顔をみたら、彼女はさぞかしこわいだろうなあと思ったりして。

高峰さんは、怒鳴ったり怒ったりということは、あまりなかったわけでしょう？

高峰　怒鳴ったり怒ったりしたかったけれど、商売柄できませんでした。怒りは内にとじこめちゃう。それで佐藤先生の文章読んでスーッとするの。

佐藤　私なんかは年中怒ったり怒鳴ったりしていたのが、この頃それがなくなってきた。衰えたバロメーターですよ。もう面倒臭いのね。昔は面倒臭いというよりも、カンシャク玉がつき上がってくるというか、ウウッと憤怒が上がってきて抑えられないわけ、その場でその憤怒をさらけ出さないとね。

高峰　いい性格ですね。私にはできない。

佐藤　よくないですよ、他人にとっては。でも要するに、その憤怒のエネルギーが衰えたんだと思う。

高峰　龍巻も横這いになっちゃった。

佐藤　そういうのをよく、「頑固親爺だったけれど、あの人もこの頃、人間がまるくなってきた」というでしょう。あれは、まるくなったんじゃなくてエネルギーの衰えなんですよ。

高峰　そうかもしれない。でも、その憤怒を出せるというのは、すごく性格がいい。

佐藤　別にいいんじゃなくて、要するに我儘、佐藤の血統なんです。

高峰　そういうところは、ほんとにいいところのお嬢さんなんです。カラッとしていて。下品な言葉を使っても汚くならない。

佐藤　いや、そうじゃなくて、佐藤家には狂気の血が流れているんですよ、祖父の代からのね。

高峰　私なんかは、孤児みたいな捨子みたいなものだから、ぜんぜんそんなことを考えたことがないですよ。母親は、私が三つぐらいの時に結核で亡くなって、父親は、その後あんまり付き合ったこともないけれど、どっちに似ていたんだかどうなんだか、何にも取っ掛かりがないです、貰われっ子だから。

佐藤　叔母さんか何か、お母さまの妹さん？

高峰　ううん、父の妹。変な境遇の女ですから、私は親兄弟と聞いただけで、裸足で逃げ出したくなる。その叔母さんがちょっとやそっとの人じゃなくてものすごかった。だから、私は陰気の塊みたいなものですよ。陰にこもって、自分でも気味が悪い。

よく若い女優さんなんかにいわれるんですよ。自分の好きな仕事だけ選んでやって、いい旦那がいて、お金には困らない、理想的だって。「いいわ、なりたいわ」というから、「ああ、そうかい。五十年かかるよ」といってやるの。イジワルばあさんです。

佐藤　それはそうですよね。私は、「朝日新聞」に『凪の光景』というのを連載しましてね、その映画化の話がきたの、結局は潰れたんだけど。その時に、「六十四歳の主人公に高峰さんだったら、これは最高だ」ということになったの。「いやあ、あの人はもう映画なんかおやりにならないから」って。

高峰　だけど、「厭だ、厭だ」といったって怠けていたわけじゃない。一生懸命やっていたんですよ。仕事ですもの。

佐藤　気に入ったものだけおやりになっていた。

高峰　それだけはね。私はあまり好きでない商売をしているから、せめて選びたいと思った。どこかで自分を通したかったの。
話が飛躍しますが、借金をお返しになるのに仕事を選ばず何でもなすったみたいですが、いちばん嫌な思いをしたのはどんな仕事でしたか、馬鹿馬鹿しいテレビ？
佐藤 いや、あの時は、借金を返せる喜びでいっぱいでした。厭もヘチマもなかった。だから、厭とか何とか思うようになったのはいまですよ。
私は、若い時はものごとを深く考える暇もなく暮らしてきましたが、齢をとって、若い時とここが変わったという点は、だんだん欲望とか執着、いろんな情念を自分の中で削ってなくしていきたいと、そういう気持ちが起きているんですよ。六十三、四歳になってからね。
高峰 それと、いろいろなことを許すようになりませんか？ 昔、許せなかったことを。
佐藤 そうね。以前にくらべると向こうのことがわかるようになったように思うけど。「佐藤さんはこの頃、怒らなくなった。もっと怒ってください」なんていう手紙がよくくるんですよ。

フワフワはみっともない

高峰　私は、早く三十になりたかったですね。三十歳にならなきゃ女でも人間でもない、三十代の人は魅力があるなと思っていました。

佐藤　でも、いまの三十代はまだどうしようもない、四十にならないと。

高峰　幼いという感じですね。甘ったれている。

佐藤　分別をもたなくてもよくなったんですよ。昔は齢相応の分別をもてということがあった。そういう強制的なものが社会通念としてあったから。いまは若いほうがいい、分別をもたないほうがむしろ魅力的だということになっている。

高峰　私なんか馬鹿だから、二十五ぐらいで止まっちゃいましたね。以後一つも進歩していない。

佐藤　でも、経験の豊富な人ほど変化していくんじゃないですか。変化しないのは箱入り奥さん……経験が少ないから変わらないでいられる。

それといま、何かやらなきゃと、「やらなきゃ病」みたいになっているのね。何にもしないということに退屈を感じるんでしょう。いまの人の関心が外側に向かっているから。よく若い奥さんがいうじゃない、「イキイキと生きたい」って。あの〝イキイキと〟っていうのは何なんだと思う（笑）。

高峰　家にいたって、イキイキとしていられますよ。心がけ次第で。

佐藤　それから「美しく老いたい」とか。

高峰　それは無理です。

佐藤　老いるということは、だいたい醜いことなんですよ。いちばん頭にくるのは、「老人になっても性欲があるのだから大いにやれ」という意見があるでしょう。よけいなお世話だと思うんですよ、やろうがやるまいが（笑）。

だから、いよいよ出る幕じゃなくなったというようなことは感じません？

高峰　感じます。出る幕じゃなくなったというより、もうついていけない。ついていかなくていいです。無理やりついていってどうしますか。

齢をとってフワフワするのはイヤですね。「整形はいかがですか」「美容食は」……選択の自由はあるわけですが、自分がドンとしていないから、「あれはイヤ。これを取りましょう」とはいかない。情報だってそうですよ。こんなに氾濫しているから、どれを取っていいかわからない。週刊誌の見出しだけで暮らしているみたいになっちゃったものだから、みんな右往左往している。もともと自分がないところに、齢とったらなおなくなっちゃってウロウロしているという感じね。それは、いちばんみっともないことじゃないんですか。何のために齢とったのか、わからない。私もそうだけれど。

望ましい最期

高峰　うちは子どもがいないし、「君が死んだら、明日から僕は何を食うの」って、昨日もいっていたから、とにかく困るらしいんです。それで、ヨレヨレになって二人でボケちゃうよりも自殺をしようというわけ。本気なのよ。

佐藤　でも、それは、「いつにするか」……なかなか決められませんよね。

高峰　それでね、「僕は幸せだった。仕事もしたし十分生きたし、いつでもいいよ」っていうの。どっちかが残っても困るのはわかりきっているし、早いとこ死んじゃわない」っていうから、「いつ?」といったら「いつでもいい」って。「といっても、明後日というわけにはいかないし」とゴチャゴチャごまかしている。自殺の方法もね。いろんなことを考えました。雪山に登って酒を飲んでいい気持ちで死んじゃうというのは?「それだけはよせ」という雪山ばかり撮っている写真家がいる。春先になってグジャグジャになっている遺体を拾って、それを担架にのせて、川のところまで運ぶ。それを担架ごとザブザブ洗う。それを見ていると、絶対に雪山なんかで死ぬのは反対。これは駄目になった。

佐藤　いろいろ検討して……。

高峰　轢かれるのは、血だらけになるし人の迷惑になるから飛び込みは駄目。いちばんいいのは、北海道かどこかの流氷のある時にポンと二人で飛び込んじゃえば、一分とたたないうちに心臓麻痺で死んじゃう。「冷たいからイヤだ、おっかない」。私はぜんぜん泳げませんからね。お風呂より多い水をみるともう駄目。

それで最後に残ったのが、二人でいまの家を売り飛ばす。お金が入ります。それでクイーン・エリザベスか何かの豪華船に乗ります。その時に、なぜか世界文学全集をひと揃いもって乗るのよ。

佐藤　それを読み終えた時に死ぬの？

高峰　いや、そんな上品なことではない。なるべく重いやつを持ち込む。

佐藤　あっ、重しね。

高峰　さんざん飲んで食ってワアワア騒いで金を使うだけ使っちゃって。ある月のいい晩に、「ここだ」と思ったら、それを半分ずつ振り分けにして背負う。それで二人でノコノコ出ていってデッキの上から……「デッキっていうのは手摺りがずいぶん高いから、あんなものまたげないよ」といったら、「大丈夫、梯子を何とかするから」って(笑)。どこから梯子をもってくるんだろう。

佐藤　縄梯子だ。

高峰　それで、「先にお前さんのことを突き飛ばしてから、僕が飛び込むから」って。振り分けにする世界文学全集は忘れちゃ駄目なんですよ。

佐藤　何冊ですかね。

高峰　三十六冊。

佐藤　そうすると、十八冊ずつ。

高峰　かなり重いことは重いけれど、そんなものを持っていかなくても、船の中に何かあると思うけれどね。「君のことを突き飛ばしてから僕は飛び込むから」「そうお。じゃあ私は死んじゃって、自分がポンと飛び降りたら、三等のデッキか何かに落っこちゃって足を折ったら悲惨だよ」「そうかな、駄目かな」なんて、いま考えているとこ。

現代の難しさ

佐藤　いっそ刺し違えというのが勇ましくていいじゃないの。

高峰　痛いじゃないの。

佐藤　何だって苦しいですよ。肉体が健康なのにそれに逆らうんだから。とくに海で死ぬっていうのは苦しいらしいですよ。楽なのは首吊りだというけど。

高峰　いやだ。首吊りは洟を出したり、ウンコが出たり、イヤですよ。

佐藤 イヤなのは死んだ当人より後始末するほうですよ。

高峰 ガスも変になっちゃうようですね、チアノーゼで。

佐藤 クスリだって、飲みすぎてもいけないのね。分量がとても難しい。自殺というのは、自然に逆らうことでしょう。それはそう簡単なことじゃない。

高峰 すごい勇気が要りますね。松山はそういう勇気があるでしょう、きっと。私はない。それを話し出したのは、十年よりもっと前のことですよ。

佐藤 冗談じゃなくて、真面目に話してらっしゃるの？

高峰 お酒を飲みながら少しずつ詰めていっているわけですよ。座興半分、ほんと半分。

佐藤 でも、座興として繰り返しているうちに、だんだん本気になるということも。

高峰 そういうふうになればいいと思うけれど、私はなかなかならないの。五十年も、子どもの時から働いて、遊びのあの字も知らない、幼稚園も小学校もいっていない、ひとつも楽しみというものを知らないで、やっとこの十年ぐらいがとっても幸せなので、「もうちょっといいじゃない」といったら、「いいですよ、いつまでも待ちますけれど、いつまでも待っていて、ボケちゃって死ぬことも忘れちゃったらお終いですよ」なんて厭味をいうの。

佐藤　だから、そんな自然に逆らうことはおよしなさいよ。あんまり幸せだからそんなことを考えるんでしょう？

高峰　うん、だから、幸せのうちにっていうの。ほんとにうちは夫婦じゃないのね。戦友とか同志とかそういう感じ。うちに長いこといたお手伝いさんが、「このうちのご夫婦は赤ん坊なんかできませんよ、こんな兄妹みたいな夫婦」、ひどいことをいうと思ったけれど、そうかもしれませんね。

でも、佐藤先生はお嬢さんがいてくださるでしょう。

佐藤　だって、もうお嫁にいってよその人だもの。下高井戸で近くにいるんですけれどね。私は厄介な性分で、人に頼るということができない情けない質なんです。そういう性分を直せないからには覚悟を決めるしかない。まさに「すべてに覚悟を決めるべし」ですよ。

いま関心のあることはやっぱりうまく死にたいということですね。この世にたいして未練はないけれども、早く枯れたいということ。肉体も精神も枯れ木のようになって、その時に死ねるのがいちばん楽で自然でいいんじゃないかな。

高峰　幸田（文）先生が亡くなられたけれど、やっぱりそうじゃないですか。

佐藤　いまのような世の中って、枯れるに枯れにくい。枯れまいとしようとしたらいろんな技術があるから。そしてマスコミをはじめみんな、枯れないことをお勧めしているしね。

高峰　病院へいってクスリづけになってチューブだらけ、それを拒否する。だから、その中の何を選択していくかですね。私が病気になれば、「僕は、病院に入れないで、この家で殺してやるよ」といってくれてますけど。

佐藤　それは幸せですよ。

高峰　でも、それは、どっちかが元気な場合ですね。「病気になっちゃった、それよりこっちも悪いんだ」なんてなったらできませんから。だから、そういうふうにならないうちに片づいちゃいましょう、と話はそこに落ちちゃうんです。

佐藤　いつ殺せばいいか、そこのタイミングが考えると難しいわね。まだもう少し生きようと思っているのに、相手は約束だからと早まって殺しにかかる。あっ待ってくれと言いたいにも口がきけない。やっぱり自然にゆだねるしかないんじゃないかしら。いかに意志の力を振るってもどうしようもないことですものね。老いていくことと死ぬっていうことは。現代の難しさは自然にゆだねられなくなっているということじゃないですか。

（『婦人公論』'91年1月号）

あこがれの〝生き方〟、〝死に方〟

高峰秀子（71歳）
大宅映子（54歳）

大宅映子（おおや・えいこ）一九四一－　ジャーナリスト、評論家。大宅壮一文庫理事長、日本年金機構理事など。各種の政府審議会の委員も務める。大宅壮一・昌夫婦の三女。著書に、「だから女は面白い」「親の常識」「女の才覚　日本の女性が失くしてしまったもの」など。

みんな整理して、さっぱりと死にたい

大宅　これだけ皆さんにお集まりいただいているというのは（東京ガス「ミセスのためのミニ大学」）、もう映画にもテレビにもお出にならない――雑誌にはお出ましになっていますけれども――〝いま〟をどう考えて、どう生きていらっしゃるのかというのが、皆さんの興味だと思うのです。

四年前、家を小さくされてというお話から。

高峰　もう少し早くすればよかったのですが、六十歳ぐらいになったときに、うちは

大宅さんとこみたいに素敵なお嬢ちゃんもいませんし、夫婦二人っきりなので、いろいろ整理整頓をいたしまして、そして私たちが死んだあとも誰にも迷惑がかからないように、できるだけものを少なくして、さっぱりと死んでいけたらいいなと。

大宅　皆さんにわかりにくいかと思いますが、五歳から五十五年間女優さんをやっていると、どのくらいのかさになるのか。交遊関係にしても、使っている人にしても、洋服の数にしても、私たちのとは桁が違うと思うんですね。

高峰　随分長く生きていたものだから、それに商売が女優という変な商売だったものだから、引っ越しというのは数限りなくしました。家も九軒建てました。いろいろやってきました。私はそんなに引っ越したくなかったんですけれども、女優というのは変な商売で、人気があって騒がれている時は、雑誌の表紙とか何とか毎日でしょう。そうすると、洋服もたくさん要る。そしてお医者さんの待合室みたいに、一間というわけにいかない。一間が二間になる、三間になる、人も多くなる。好き嫌いの別なく、生活が大きくなっちゃうの。私、大嫌いなの、そういうことがね。だけども、そういう流されるというのでしょうか、そういう時期があるのね。それでも頑張って、「私は四畳半にいる」ってわけにいかないんだから。そういうときはそれでいいと思うんです。

でもね、女優もやめて、そして静かな生活ができるようになってきたら、それ相応の身の丈にあった家に住んで、無理をしない、背伸びをしない。だんだん生活を縮めていったらいいのじゃないかなということを、二人で考えたわけです。そして、うちの松山善三というおっちょこちょいは、「そうだね、そんなにめんどくさいなら、二人で死んじゃおうか」なんていうのね、無造作に。

大宅 前に、船に乗っていって、何とか全集を持っていって、振り分けにして飛び込もうというのがあったじゃない。

高峰 世界文学全集をしょっていくんだというの、なぜか。世界文学全集というものは、三十六巻もあって、とても二人じゃ持てない重さ。それを持って豪華客船に乗るんですって。星のいい夜にそれをしょって、デッキに出るわけ。出たら、私に半分しょわせて、それで私をまずチョンと突き飛ばすんだって。突き飛ばして死んだなと思ったら、自分が残りをしょってポンと飛び込むんだって。「そう、うまくいかないと思うよ。私だけ死んじゃってあんた、どうせ乗るのはファーストクラス、いちばん上でしょう。あんた飛び込んだら、三等のデッキか何かに落っこっちゃって、片足折れちゃったということになったら、だめじゃない」といったら、「そうかな、僕はそれが理想的だ」というのです。「それがだめならどうする」と聞いたら、「自分はいろいろ考えたけれども、船から飛び込むのがいちばん」って。私は、お風呂よりたくさん水があったら怖いの。泳げないし、「そんなに水がいっぱいあるところいやだ」といったら、「だから、僕が後ろから突き飛ばしてやる」って。でもこの頃、突き飛ばしの方はあきらめたらしいの。それでおとといか何かも、また、「死んじゃわない？」というのね。「今度何だい」といったら、「ヘリコプター何かどうだ。僕が運転する」と。もう飛ばないうち、それはだめだ（笑）。「あんた、これから操縦習うの」「そうだ」って。今ちょっと海から空の方にいっております。

それでいろいろ考えて、それは半分冗談ではありますけれども、とりあえず生きているんだから、じゃあ、整理整頓するにはどうしたらいいか。

大宅　女優をやめるというのは、この歳になったらやめようとか、こういう状態になったらやめようと、考えていらしたのですか。

高峰　私は五つにならないうちに子役になったときから、いやだったのね。カメラの前で泣いたり笑ったりするの、普通じゃありませんよね（笑）。何で私がここで笑わなくちゃいけないの、何で泣かなくちゃいけないのというのがあって、とにかく六十になるまで同じ気持ちだということは、決して好きではなかったということですよね。だから、隙あれば、女優を逃げ出したいといつも思っていた。そうしたらたまたまかなりいい線をいっている男に巡り会ってね、今の亭主ですけれども。「ああ、よかった」と思った。でもその時私が一本百万円ぐらいもらっていて、向こうは一ヵ月一万三五〇〇円の月給取り。そのとき家に女中さんが三人いて、車があって、運転手がいて、犬もいた。小鳥もいた。いろいろいたでしょう。そこへあの人がリヤカーに一杯の古本を持ってきたわけよ。急に一万三五〇〇円になれないのね。

大宅　そりゃ、そうでしょう。

高峰　それで何となくずるずるにやっていたんですよ。そのうちに、彼は勉強家ですから、一生懸命勉強して、脚本が売れるようになったので、「しめしめ、これでこっちが食わせてもらえるようになったな」と思う頃からそろそろ女優を辞めていったわけ。すごい狡猾なんだから、私。

　それで、ついにそういう時期も通り越しまして、とうとうお爺さんとお婆さんになっちゃったわけ。それで家を小さくしましょう。これから私も仕事しないし、仕事をしなければお客さんを呼ぶ必要もないし、またお客も減るだろうし、静かな生活をいたしましょう。それにはボンボン膨れるだけ膨れ上がっちゃった家をどうするか。女中さんが三人いて、運転手さんがいて、全部いっぺん整理整頓しなければならないけど、相手が人間だから、なかなか大変。

それからいろいろ考えて、「家をつぶしちゃおう」。家をつぶして平べったい土地になったら、三人の女中さんと運転手さんと私と野宿しているわけにいかない。それを家をつぶしてさら地にして、ここへ小さな老夫婦の住む三間、書斎と寝室とダイニングキッチン。ちっちゃいのよ。その三間になれば、今度人が泊まるといっても寝る部屋がなければ仕方がない。生活を縮める。そうかといって私ひとりじゃとても大変だから、ひとりだけ通いで来てもらうという生活にしようと。それで家をつぶしたのです。もともとその家は、私がとても建てたくて建てた家じゃない。九部屋あったの、私は一部屋でたくさんなのよ。だけど、そういうような時期も女優にはあるの。

家が三分の一ぐらいになりましたので、物が溢れかえっていたものを全部整理しました。物というのは際限なくふえるのね。これ全部自分で選んだ物だから、愛着というか、思い出みたいなものがあるのです。そういうものにしがみついていたら、いつまでたっても整理整頓できないと思って、涙をのんで、ほとんど全部整理しちゃった。古道具屋さん呼んできて、「ウ！」と目をつぶってやっと整理して、今の生活になったんです。でも、いまだに毎日整理整頓しているもので、松山が「何でもかんでも整理してみんな捨てちゃって、俺も早く整理したいんだろう」といってますけど（笑）。あれ、整理しちゃうと私も寂しいから、大事にしております。

夫婦二人だけのこだわりの生活様式

大宅　その延長線上に骨壺《こつつぼ》があるのですか。

高峰　人間って、いつどうなるかわからないから……、でも、まだお墓買ってないんだな。

大宅　骨壺だけじゃ困りますね。

高峰　とりあえず骨壺にしたんですけれども。うちは誰もしてくれる人がいないわけね。お宅みたいにいいお嬢ちゃんがいないから。二人っきりで付き合いも悪くてお友達も少ないから、死んだときだけ「よろしく頼むよ」というわけにもいかないし、一緒に二人ポンと死んでしまえばいいけど……。縁起の悪い話ばかりで。

大宅　縁起が悪いといっても、死なない人間はいないのですから。

高峰　どっちか先に死ぬにしても、いろいろ考えてみたら、もしうちの亭主が死んだら、とりあえず入れ物がいるでしょう。極彩色の大きい骨壺はいやなの。白いのもね。うちに李朝の壺がたくさんあって、二人とも李朝は好きだから、あれに蓋でも付けて、それに入れようかなと思ったけれども、うちの亭主はものすごく冷え性なのね（笑）。夏でも膝掛け持って歩いているんだから。寒がりだから陶器は冷たいなと思ったの。

木でつくったのなら大丈夫だと思って、いろいろ考えまして、京都に当時お住まいだった黒田《くろだ》辰秋《たつあき》先生という木工の先生。天皇陛下の家具調度全部つくった方。高い。その人を訪ねて行きました。

「うちの骨壺つくっていただきたいのですが」といったら、そんなにおどろかなかったよ。無表情な方だった。私は何も松山の頭蓋骨から腰骨まで金槌で叩いて全部入れる気はないから、上品に爪の先とか、髪の毛ちょっとの小さいものでいい。「棗《なつめ》のちょっと大きいので結構でございます」と。「ああそうですか、わかりました。おいくつほどいるのですか」と（笑）。そこまで考えていかなかったのね。「おいくつたって、とりあえず一個で結構でございます」「お急ぎですか」と。お急ぎといえばお急ぎかもしれないし、お急ぎでないといえば二十年ぐらいお急ぎでないかもしれない。わからないですよね。「そんなに急がないと思いますけれども」というと、「なぜこんなことをお聞きするかといいますと、私はこんなに小さな棗でも、京都の山の中に行って、一本気に入った木を見つけて切り倒して京都の家まで運んで、一年ぐらい寝かせて乾かせます。半分ぐらい乾いたら小さく切り出して乾燥させて、コップの大きさぐらいに削り、面をとっていく。また乾かして金箔を三度塗り、根来《ねごろ》という朱色をかけて乾かす。朱色を三回かけて、それでやっと出来上がるから、どう急いでも二年かかる」

とおっしゃった。あのとき四十五ぐらいだったかしら。二年ぐらいは大丈夫じゃないかなと思ったから、「結構でございます」といったら、本当に二年したら、素敵なのが出来上がってきた。「もし使わないようだったら、キャンディでも入れておいたらよろしいでしょう」とお手紙くださった。

志賀直哉先生も、李朝の壺にお入りになったんだけど、私が先生のお宅に行くと、その壺にお砂糖が入っていて使ってた。後で伺ったら、お砂糖壺として使っていた壺にお入りになったんだって。でも、うちはお砂糖壺にするには高かったしね。小さな棚の上に置いてあって、「まだ来ないのかね」といってる。

大宅　この間「ミセスのためのミニ大学」で、佐藤愛子さんにお話を伺ったのですが、彼女は物を捨てることができなくて、要らない物用の小屋をお金をかけてつくったんだって。

高峰　自分もそこに入っちゃうよ（笑）。

大宅　同じ年ぐらいですよね。

高峰　ねずみ年。でも、あの人はねずみじゃないな、トラかイノシシって感じ。

大宅　佐藤さんは一九二三年生まれですから、ひとつ上。

高峰　佐藤さんを誘って、一緒に要らない物の小屋に行きましょう。

大宅　高峰さん、色のこだわりがすごくて、台所のタワシ、スポンジのいろんな色がいやで全部入れ換えるんですって？

高峰　色が多すぎる。色はお花だけでいい。あとは全部中間色の方が気持ちが落ち着く。今度の家は台所はひとつで色は白。洗剤の箱も激しい色はいやで入れ換えるから、物がふえる。

大宅　洗剤とかああいう物を入れ換える人、（会場で）いますか。――三人。世の中にはこのくらいしかいないのです。

高峰　あなたは？

大宅　めんどくさい。

高峰　だから、朝から晩まで忙しいわよ。うちの場合は特殊ですよね。普通は若いときに働いて、働いて、歳をとったらお金もたまってほっと安心して、ちょっと手伝ってくれる人に来てもらって楽をするというのが普通でしょう。私は全然逆。若いときに四人も五人も女中さんがいて、今私ひとりで豆腐買いに行ってる。主婦ってとっても忙しいですね。

そうじゃなくても、うちの亭主はものすごく好き嫌いが多いのね。好きなものをいってもらった方が早いくらい、嫌いなものがたくさんある。それを何とかして生きていてもらうためには、バランス良く食事をつくるから、大体四時間は台所にいる。こんな話をしている暇ないの。

大宅　申し訳なかった。私は十五分ぐらいでやっちゃうので。私は、女の人には料理型と掃除型がいると思っているわけです。共稼ぎができるのは、大体料理型なんです。お掃除して整理整頓してきれいになっていなきゃ気が済まないという人は向かないの。百%できないもの。どっちかというと、ごはんは食べさせないといけないから、埃《ほこり》じゃ死なないという哲学でやっている人は、すごく多い。この方《かた》は珍しい、珍種だと思っています。お料理もうまくて整理整頓もすごい。

高峰　清潔とか何とかじゃないね。これは癇性《かんしょう》、病的ですよ。

大宅　机の上の本が斜めになっていたら絶対だめ。

高峰　いやなの。まっすぐ。

大宅　そういうのを伺えば伺うほど、よくあの撮影所という中に、しかもお仕事が好きじゃないのに五十年。

高峰　撮影所汚いし、勝ったの負けたのと欲張りで、無責任で、そういうところで働いているのはいや！　と思い続けてまいりました。

大宅　女優さんやめて、松山さんのお手伝いというか、シナリオをきれいに清書なさったり……。

高峰　松山は結婚したとき木下恵介先生の助監督をしていて、毛脛《けずね》がなくてベロンとバナナみたいな脛をしていたから、ツルーとして気持ちが悪い。「あなたの脛には毛がないのですか」と聞いたら、「あるんだ」というの。ズボンは替えがないから木下恵介先生のお古で、あまり撮影所で走り回って毛が全部擦り切れちゃったというような人だったんです。その働き者が、突然私と結婚してシナリオに転向したでしょう。シナリオは机の前に一日中座っていて走らない。そうしたら一年で毛ははえたけど、腎臓、結核といろいろややこしい病気になりましてね。立って歩いて口述ならいいけど、机にかぶさっている姿勢がいけないといわれたのです。それから、とても偉く聞こえるけれども、私がずうっと筆記しているわけ。

そうしたら、病気が治ってもその方が楽でしょう。夜中でも「ああ次、次」というと「えー」と消しゴムと鉛筆持って。本当にくたびれる亭主ですよ。いまだにやっているんですよね。

私は小学校もろくに行ってないから字なんか書けない。字引はすごく頭のいい人が使うもので、私みたいなばかが字引引くのはいけないと思っているから、結婚する前にわからない字があると、新聞を広げてそれらしい字を探していたの。結婚してから、「君、字引持ってないの」というから「私みたいなばかは、字引持っちゃいけないと思った」「そんなことないよ。僕のお古のあげるよ」と。初めて字引を手にしたのはボロボロだった。それで、自分はちゃっかり新しいの買ったけれども。それで字引を引くことを覚えました。四十年も口述筆記やっていますと、字を引く回数が多い。今なんかもパッとやるとその字が出る。松山は私にばかり書かせているから、「何とかっていう字、何ヘンだった」と私に聞く。門前の小僧何とかね。

大宅　夫婦で共同作業ができるというのはいいと、客観的に見ると思います。今は、父さん会社で母さんお家、完全に分業でしょう。パートに出たりする人も多いけれども、基本的には別の世界で重なる部分がすごく少ない。

高峰　うちが何とかもっているのは、同じような仕事で共通の話題はある。両方がシナリオ作家じゃない。両方が俳優じゃない。ちょっとずれているというところがいいのじゃないかなと思う。向こうのいうことはわかるわけでしょう。片方も女優はどういう仕事か知っているから、例えば少々遅くなっても、撮影しているといろんなことで遅くなるから、一々聞かない。そういうことで、ピンピンとわかりますから、そういう点でいいです。

何かするときに、自分の身の丈というものを考えて

高峰　結婚してちょうど四十年になるのですが、よくもったね。やっぱり我慢したんですねえ、両方が。松山は、「僕が我慢した」というのですが、やっぱり両方の我慢ですよね。

大宅　うちも来年で三十年です。

高峰　まだまだ。

大宅　ここからが大変？　その予感はしますけれどもね。この頃やたら「老後を考える」とか「高齢化社会に備えて……」というので、「出てくれ」と来ませんか。

高峰　来る来る。

大宅　そのとき何とお返事しますか。私、四十ぐらいで「老後」といわれたときはカッと頭に血がのぼって、「何が老後だ」と思ったんです。この頃若い三十ぐらいから「老後」と平気でいうでしょう。三十でいちばん走りまくっていてくれないといけない人が、ゴールした後のことを考えているから、日本の社会が活気がないのじゃないかと思って心配しているのです。

高峰　精神が若くて何にでも興味を持ってさわやかでいられれば、絶対に老人じゃな

いですよ。若くてもへなっとしていれば、「老人」といってもいいと思いますよ。

大宅　「老後」についてお考えになったことはありますか。

高峰　うちも直したし、骨壺もつくったし、するべきことはしております。「熟年」「実年」なんていっても、どうやったって老人は老人。言い方をどう変えても中味が変わるわけじゃなし、「老女」、結構じゃない。「お姐《ねえ》さん」なんていわれたくないわよ、この年になって。ただ、やたら「おばあちゃん」とか「おじいちゃん」は、いわなくてもいいのじゃないかと思います。名前を呼ぶべきね。

大宅　うちの母も、銀行で「おばあちゃん」といわれて、「あんたから『おばあちゃん』といわれる筋合いはないわよ」と。八十六ですから、立派な婆さんですけども。

高峰　じゃあ、何といったらいいのかしら。「おばさま」？

大宅　「奥さん」

高峰　奥さんじゃない人の方が多いのよ。それと、年寄りに幼児言葉で「何とかチャマ」とかいうのは、失礼というものです。

大宅　病院の看護婦さんがすごくいやだった。名前がベッドのところに書いてあるんだから、「何とかさん」といったらいいと思いますね。

高峰　でも、バスに乗っていて、「あなたのお名前何とおっしゃるの」と聞くのもめんどくさいじゃないの(笑)。

大宅　言葉の言い換えには私も持論があるのですが、老人をどう言葉変えても、人間は老いて死ぬ、これ以上の真実はないわけです。言い換えるとやさしいというのが日本の風潮としてあるのかもしれないけれども、それをやったお蔭で現実に目を向けることに塞《ふさ》いじゃうという部分がすごくあると思うのです。最たるものは「敗戦」。どう考えても負けたから敗戦なのに、戦争が終わったから「終戦」と言う。

「グリーン車」、緑がいいという発想も変ですが、一等、二等とやると二等の人がかわいそう、差別だと。英語のアナウンスで「car number 8 or 9 are greencars」といっているけれども、よそから見たら、何でこれがグリーン・カーで特別な特急券がいる車両か誰もわからない。これで差はないという形にしようとする。

それと、「地球にやさしく」というのも、気持ち悪くていやです。

高峰　キザだね。今頃何をいうか。

大宅　シルバーシートも変だと思うのです。若い人が、老人が来ても立たなくなっちゃった。でも老人はいたわらないといけない。では、席をつくりましょう。そうすると、若い人に老人を敬いましょうという精神がとんで、若い人にいわせると、「あすこに席をつくったから、おまえたちあっちへ行けよ」となって、世の中よくはならない。

高峰　日本国のそういうネーミングは変です。みんな発想が貧乏くさい。チープ。

大宅　そうやってずらして安心しているみたいなところが。

高峰　横文字でみみっちいって感じなの。何がシルバーなのよね。いっそゴールドにしたらいいじゃないの（笑）。

大宅　農協はJAというんですよ。去年ですか。おととし、名前をJAに変えたとき大きな新聞広告が出て、「JAというのは愛称です。銀行その他の振込は何々農業共同組合と正しくお書きください」と書いてあった。

高峰　ちょんちょんつまむのはやめたらどうかしら。言うなら全部いったらどうですか。テレビじゃなくてテレビジョンと。パソコンとかファミコン、ファックス、全部初めからおしまいまでちゃんと書いたらどうなの、おっくうがらないで。

大宅　全部書いたら大変だとは思いますが、言葉をもう少し大事にした方がいいですね。いつも高峰さんの本を読んでいると、「本当に辞書を引いていらっしゃるんだな」と思います。すごく無駄がなくて、スパッとしていて。私は辞書引かないから、カタカナで書いてしまう。あれは逃げなんです。この頃もうひとつ変わったのは、ワープロで書くから妙に難しい字が漢字で出てきちゃう。

高峰　ワープロで手紙がきて、「何とかという事で」というのが、「事」じゃなくてチントンシャンの「琴」が書いてあった。私混乱して。なんでこの手紙にお琴が出てくるのかと思ってびっくりしたけれども、そのままでした。ワープロは字を知っている人じゃなきゃできないということ。わからない字が出てしまうかもしれないから、何度も読み直してから出すべきね。

大宅　ただ、自分で見たときは「琴」を「事」と読んでしまってるんですね。ですから、昔の校正と今のワープロの校正は違いますね。スーと読めて気がつかないのです。「旅」を「足袋」と書いたのもありますから。間違いだらけでつくった作品もありますが、おもしろいですよ。

言葉では、今の「れる」とか、「られる」という話がありますね。

高峰　あれ大嫌い。食べれる、着れる。考えてみると、「ら」がある方が変かなとも思うの。「それ、食べられるわよ」と。「食べれる」でいいのかなと思うけれども、何というのかな、音が悪いわね。「まだ着れるじゃない」は「まだ着られるじゃない」といった方が、耳に快くありませんか。言葉でも何でも、口でいうにいえない品格、下品、何かあるものね。

大宅　それのたぐいで私が嫌いなのは、横文字ものをフラットにしてしまう、「マネージャー」とかね。あれは「マネージャ」でしょう。「サーファ」は「サーファー」と、何ともいえないフラットにする。

高峰　これも難しいわね。私、おかしくてしょうがないのは、マンション、ヴィラ、アパート。

大宅　キャッスルというのもありますよ。

高峰　どんな人が住んでいるかと思っちゃうね。だって、アメリカなんかどんなところでもアパートメントでしょう。ヴィラなんていったらオナシスですよ（笑）。びっくりしちゃうけど、ああいうふうにめちゃくちゃに使うのはよくないと思います。私、歳とってきたんだな。何でも佐藤愛子さんの弟子になっちゃうんだけど、何でも癪にさわるというか、癇にさわることばっかりですね。

大体贅沢過ぎます。町に出ても贅沢な物がたくさん置いてあって、私なんか歳とって、欲しくもないけれども、若い人には罪だな。目の毒です。日本は決して金持ちなんかじゃない。貧乏ったらしいです。日本国も日本人も。立派なきらびやかな物があれば、私が若くてお金がなかったら泥棒するね。そのぐらい欲しいときには欲しいものよ。あんな贅沢な物を使う身分じゃないと思う。もう少し謙虚でいいと思う。

大宅　贅沢な物というのは、歴史的にいっても今の時点で切っても、ほんの一握りの人が持ち得るはずのものなんです。日本の場合は皆が持てないとおかしいという、それが豊かさの実感だというふうに勘違いして走ってきた部分というのがあるでしょう。

高峰　これは、今の自分が買うにふさわしい物か。こんな立派な物を持つ身分か。例えばキャビア、フォアグラ、とてもおいしいよ。高いね。私たち夫婦二人きりで、貯金もそんなにないけれども、買って食べようと思えば食べられる。でも、「このキャビア、ペロッとひとりで食べちゃうのはどうかな？」と思って買わない。あなたがくれれば食べる（笑）。そういうふうにしている。

大宅　そうします。楽しみにしていてください。

高峰　何かするときに自分の身の丈というものを考えて。今、この服がいいといわれたけれども、ポリエステル。「シルクでしょう」というから、「シルクは贅沢でございますから、ポリエステルで結構」と、そういうふうにしております。

大宅　今、身の丈とおっしゃったけれども、身のほどというか、分相応というか。

高峰　家も大きい家だったときは、結局困るし、不自由だからとどんどん膨れ上がっただけで、私は本当は三間が自分の身丈に合っていると思いますよ。私は家を九軒も建てたけど、みんな豪華ではなかったです。だって、私の映画を観て下さる方はみんながみんなお金持ちとは限らない。おこづかいでわり出して映画を観て下さる人を考えて、贅沢したらバチが当たると思ってたの。

大宅　身のほどとかそういうふうにいうと、十年くらい前だったら袋叩きにあって、人間はみんな平等ですという言い方をする。人間の存在としては平等なんだけれども、結果は絶対差があるわけです。結果に差があるというのを、どうも日本は認めたがらなくて、「平等」と「同じ」をはき違えたと思うのです。同じにはなりっこない。同じなふうに日本じゅうがしたものだから、若い人がシャネルが着たいという話になる。バブルの時代、月給一ヵ月分でアルマーニが買えるからって買ってしまったわけです。人の金だから、どう使おうと俺の勝手だろうといわれたら、そうなんですが、それじゃ豊かさの実感はできないと思います。自分のモノサシを持ってないと、満足感はないのじゃないかと思うのね。人がみんな持っているから僕も欲しい。それが日本をここまで持っていったエネルギーではあったんだけれども、ここまで豊かになった中で、もっともっとと日本人がいうと、皆ベンツに乗って年に何回か海外旅行に行く。洋服はアルマーニ、靴はフェラガモだという話になるわけです。それを一億二千万の人がやれる社会というのは、あったとしたら、宇宙人が来てつぶすか知らないけれども、あり得ないと思う。

本当に豊かさを実感しようと思うんだったら、「私はこういう生活をしたい」「こういうものが好きです」「高くても要らないものは要りません」ということじゃないかなと思うのですが。

高峰さんは前から「シルクは着ません」とおっしゃるんですが、もうお召しになっていただきたいと思うのですが、逆に。

みんなが高くていいものを持たなきゃいけないというか、持つべきだとか、持てて当然だという発想は無理だと思う。ものすごい高い物を持ったり、ヴィラに住んだりする人は、世界じゅうほんの一握りで、それを日本人全員が望んでも無理ですよね。あれは、私には無理だとあきらめるという意味じゃなくて、私は私の身のほどの生き方をしようと。

高峰 私がさっきから「日本は貧乏だ貧乏だ」といっているのは、そういうこと。心の中に自分がしっかりないから、それは貧乏ということなの。自分というものをピシッともっていれば、キザなことを申し上げますけれども、生活に緊張感があれば、決してそういうことは起きないと思う。お隣はそうかもしれないけれども、私はこうなのよというのを持っていれば、ルイ・ヴィトン追っかけなくなると思う。違う?

大宅 と思います。

高峰 じゃあ、自分というものをどうしてもったらいいか。私、自分のことを考えてもいろんなことがわかってきたのが三十過ぎてからね。その前は子供ちゃんで、いい物見れば、泥棒してでも欲しいですよ。そういう罪つくりはよしなさいというの。外から見ただけかもしれないけど、日本は豊かになって、食べたいもの食べて、あたりまえの話かもしれないけど、私たちにしたらとんでもない話なのよ。「わっ、贅沢」という感じだけれどもね。

母と子の関係は、〝非人情〟ぐらいが子供のため

高峰　これからは自分の中の勉強をしていったらどうですか。一度に何もかもするのは無理ですから。まず、子供を産むときから考える。産むべきか産まないか。手がかかるからとかいう理由で産まないのじゃなくて。私は子供がないのですが、結婚したとき産む気持ちがなかった。松山は「七人でも八人でも産んでくれれば野球のチームがつくれておもしろいな」というけど、とんでもない話で、私みたいな半端な女がたったひとりでも育てる自信がなかった。自分が子供のときすごい苦労したので。子供は子供じゃなくて、小さい大人だからね。恐ろしいものです。

大宅　私も恐ろしいと思います。

高峰　私なんかとても子供を育てる自信がない。子供に精神的に苦労させるのは罪な

ことだから、産まないと決めちゃったの。そういうふうに、自分が親として子供を育てられるか、自信があるか。そりゃ、初めてだからわからない。でも、大体わかるじゃない。ただ、産むのはいや、というのじゃだめじゃない。お行儀のいいちゃんとした人に育てられるかどうか。その前に自分が本当にお行儀がいいかどうか。

大宅　大変だ。

高峰　反省しなさい。

大宅　そういわれると、いよいよ産まなくなっちゃいますね。

高峰　あなたも相当パーッとしているのに、どうしてあんなにいいお嬢ちゃんになるのかな。

大宅　そんなに。

高峰　あれ、くれる？

大宅　どこで見ました？

高峰　前に「牡蠣《かき》を食べる会」のときにパチパチと写真撮っていたから、「いい娘だな」といったら、「うちの娘よ」といったじゃない。

大宅　今、仕事してます。別によかないですよ。早く出ていかないかと待っているのですが、なかなか出ていかないので。外資系の会社なものですから、こき使われて朝帰ってくることもあるのです。残業手当てがないんだから手を抜いたらといってるのですが、不器用らしくて。

高峰　親ばかだね（笑）。

大宅　親ばかだとわかっているから、なるべく手は出さないように、過干渉にならないようにと思っているわけです。放っておいたら、親は子供によくあってほしいと思う動物ですよ。危なかったら手を出した方が楽だもの。出しちゃうとその子のためにならないと思うから、それこそ心を鬼にして。ものすごく我慢がいりますよ。私は幸い仕事があってよかったと思います。家にいたら、絶対ひねくり回していますよ。

高峰　人情とか非人情という言葉がありますが、非人情になる方がその人のためになることが多い。なまじっかの人情、同情はよくないと思います。

大宅　いいことをしているつもりだけれども、実は自分が楽なの。子供がころんだり、挫折したり、危険な目にあうのは辛いでしょう。今、自分が生きている間は見たくないというだけなんですよ。

高峰　どんな人だって、自分がいちばん大事。

大宅　食事の途中で仕事入って出かけて、帰ってきたら、そのままになっていた。夏だったから食べ物が変形してグチャグチャだった。娘は高校生ぐらいだったから、

「どうして片づけておいてくれなかったの」とカーッと血がのぼって大喧嘩になって、私は物を投げたりしたんです。「ママね、仕事もしていらっしゃるのに、お食事もつくってお偉いわねといわれたいのでしょう」といわれたんです。これは頭にきたですね。私は「あんたたちのためだ」と美学上口が裂けてもいいたくない。本人が評価してないのじゃ、立つ瀬がない。もうつくらないと。三日ぐらいしかストライキできなかったですね。あれはひと月以上ストライキすべきだったと反省してますがね。ある部分は真実なんです。人にほめられたいと、結果的にそうなるとはこっちだって読んでますが、本質的には目の前のガキにちゃんとしたものを食べさせようと思っているのに、「ほめられたいからつくるのでしょう」という言い草はあるかと、本当に頭にきたんですから。

高峰　親子でも夫婦でもいっちゃいけない言葉があるね。絶対にあるんです。それはいわない方がいいですね。いちばん大事なのは自分。自分を大事にしないような人は、他人も大事にしない。自分を大事にして、初めて人も大事にできるんだと思いますよ。

大宅　高峰さんのお母様は養母でいらして、大変な方だったんです。今『新潮45』という雑誌にお書きになっていらっしゃるけど。亡くなったときに、みんなが「お母さんが死んでよかった」って。

高峰「どうしてあんな人と別れなかったの」と。そう簡単にはいかないのよ。

大宅 実の母だったらどうですかね。

高峰 実の母でも何でも、波長の合わない親子は世の中にいるからね。そう思ってあきらめるわけじゃないけど、「エヘヘ」と笑っていたんですよ。〝鬼〟って言葉があるね。鬼は実在してないのかもしれないけれども、鬼は「何とか鬼」と悪い意味でいうけれども、鬼というのは、絵でも愛嬌あるじゃない。その愛嬌のない鬼だね、うちのおふくろは。あの人は珍しい人でしたよ。だけど、今考えてみると、どんなことがあってもこういう人間だけにはなりたくないと、毎日毎日思って五十年も付き合っちゃったからね。

大宅 反面教師というけれども、それにしても。

高峰 だって、しょうがないもの。たまたまあの人の養女になっちゃったからね。めでたくお亡くなりになりましたけれども。殺してやりたいと何度も思いましたよ。母が心臓麻痺で死んだときに、みんなが喜んでくれたわけね。「よかったな、デコ、おまえのおふくろ死んだってな。めでてぇな」とか「お母さん亡くなったんですってね。よかったですね」「あなた、人相が変わりましたよ。いつもはここにしわを寄せているのが、ふぁっとなって、あなたのしあわせはこれから」と、会う人ごとに喜んでくれたの。あんまりいわれると妙な気がしてきちゃってね。哀れだったな、あんなにみんなに喜んでもらって。死んで喜ばれちゃう母の一生は何だったんだろうなと、何となくかわいそうになっちゃった。でも、当人はとにかく贅沢して、いばり死にに死んじゃったけれどもね。当人はしあわせだったのかもしれないけれども、人間のいちばん大事なものをひとつも経験しないで死んじゃった人という意味で、私はかわいそうな人だったと思うよ。

大宅　「ステージママの権化のような母に操られた私は、猿回しの猿よろしく観客の喝采を浴び、少女スターとして有名になり、収入もふえた。私は母にとって金のたまごを産むにわとりであった。ダイヤの指輪と毛皮の商人に出世した母は……、札ビラを切って集めた親衛隊と徹夜マージャンを楽しみ、次々とボーイフレンドを……」と。それから高峰さんは逃げ出したわけね。

高峰　パリへ。

大宅　ここがいちばんすごかったと思う。「七ヵ月間の冷戦期間をおいて麻布の我が家に帰ってみると、驚いたことには、家は増改築され、玄関には「料理、旅館、つばめ」という看板がかかり、母は料亭の女将に変身していた。」信じられます？

高峰　チャーンなんて。絹の着物着て「いらーっしゃいませ」と(笑)。

大宅　お家に帰ったら、旅館並みの宿泊代から洗濯代まで請求されちゃった。全部、もとはといえば高峰さんが稼いだ金よ。

高峰　私の家ですよ。私のお箸で私の茶碗で食べているの。でも、お金とった。それが毎日請求書がくるの。友達が来たから「きょうは鳥鍋して」というと、「鳥鍋百三十円」とかってくるの。洗濯代もくるの。親子。私の家で。そういう人で、ちょっと珍しいでしょう。だから、あまりばかばかしいとか怒るというより「ケケケ」とおかしくなっちゃって、笑うことにしたの。でも、やっぱり頭にくるよね。深刻になったら自分が損だものね。

大宅　その境地になれるかな、私はだめだな。

高峰　私はあなたみたいに腕力ないし、小さいもの。私はぶつけてもコップぐらいだな。私の母なんか大きなソファをガーンと私にぶつけたよ、撮影所に行く朝ね。何のことだったか、気にいらなかったのね。それで玄関の一枚硝子《ガラス》がガチャガチャと壊れて、怪我しなかったからいいものの。ああいう人と付き合っていると命危ないですよ。出刃包丁なんかすぐ持ってくるんだから。

大宅　今お姑さんに悩んでいらっしゃる方、高峰さんのお母さんに比べたら、大したことない。

高峰　よく文章に、「私の母はこうだった」というのがありますね。うちの母だって、私が六つぐらいのときはおにぎりつくってくれたけど。ああしてくれたこうしてくれたというのは信じられない、羨ましいとは思わないけれども、お母さんというのはそういうものなんだなと思って、しょっちゅうびっくりしてましたね。

家事をしながらでも、息抜きできる

大宅　五歳からずっと働いていらしたら、今はお料理が上手でいらっしゃるけれども、お料理習ったわけじゃないでしょう。

高峰　私は女優がいやで、何かあったら女優から逃げたいと思っていたから、いつか結婚するかもしれない、結婚したときに女優のカスみたいのと結婚したら、旦那はたまったものじゃないでしょう。せめて料理のひとつぐらいできなきゃと、わりと真剣に考えましたよ。台所に覗きに行く程度だけれども。それと、私はこれだけは母親を受け継いじゃったけれども、癇性、なめるようなきれい好き。私と母は大森の六畳のアパートにいましたから、台所は小さい。ガス台がぽんとあって、流し台も洗面台ぐらい。そこで母はきれいに物をつくりましたね。

大宅　よっぽど手順がよくないとだめよね。

高峰　きれいに食事をつくった。それを見ていたということと、小さい台所だから、ひとつ使ったらすぐ洗ってしまわないといっぱいになっちゃうわけ。そういうことを全部私が受け継いじゃって、今でものを使う後から後からどんどん洗って片づけちゃう。あれは親の遺産だ。いいところをいただいたと、自分では思っています。

大宅　洗い物嫌いです。洗い出しちゃったらいいんですけど、洗わなきゃいけないと思っている間がいやなんです。

高峰　松山は好き嫌いが多くて、ちょっと酒呑みだから、七品ぐらいはどうしてもいる。皆大きくないの、お酒の肴っぽいのちょっちょっと。七品以下だとつまんないなという顔をするから、大事な人でひとりしかいないんだから一生懸命つくる。細かいもの、ディッシュ・ウオッシャーにも入らない。松山が旅行に行ったりすると、大変よ。私、ペーパー・プレートよ。ウィスキー飲むのは紙コップよ。お箸は割り箸よ。いっぱい買ってある。一度は、めんどくさいやと思って、お鍋でラーメンつくって鍋ごと食べようと思ったら、唇やけどしちゃったの。鍋ごとはやめました。鍋で熱くしたものをペーパー・プレートに入れると溶けちゃう。だから、どうしてもどんぶりがいるから、焼かないし、煮ない。食べるものはソーセージを買ってきて冷凍して、ソーセージを温めないといけないから、フライパンで温めまして、指で転がして手づかみで食べる。割り箸は使ったら捨ててしまう。あとはまぐろの缶詰を開けまして、マヨネーズ入れて、容器にも移さない、よく付いてくるプラスチックのスプーンでそのまま食べる。

大宅　ひと缶食べられますか。

高峰　食べちゃう。じゃなければ、六本木まで歩いていって、ローストチキン買ってきて、箸も使わないでムシャムシャ。ひとつは食べられない。それで寝ちゃう。

大宅　いらっしゃらないときの状態は、松山さんはご存じですか。

高峰　見るとあわてて隠しちゃうから。あの人はとっても電話魔で、何だかんだと電話をくれる。「きょうは何食べた」と。ちょっといえないね（笑）。だから、「いろいろ食べた」とか、「冷蔵庫の掃除した」とかいっているけど、全部嘘なんだ。ペーパー・プレートとプラスティック・カップ、楽だねえ。

大宅　じゃあ、まだご存じないわけね。

高峰　死ぬまで私は言わない。食料品が入っている戸棚見たら驚くね。なんでまぐろの缶詰がこんなにたくさん、マヨネーズが、冷凍庫には一度も出たことがないソーセージがある。そういうのを「息抜き」というのよ（笑）。

大宅　みなさん、そっちだけ真似しないでください。普段七品やった上でこれですからね。

高峰 フライドチキンが入っていた袋も捨てないの。食べたら骨をそこに入れる。手、汚れもしない。ほんとにいい気持ち。

大宅 そうか、そこまで徹底するんだ。メリハリといえば、これ以上のメリハリはないですね。松山さんは、相変わらず漬物はだめですか。

高峰 だめだめ、弁当魔。京都、大阪へ新幹線に乗るなら、何が何でも弁当を持っていくわけ。家で食べて行ってくれればいいのに、十二時というのに乗るの。お弁当が食べたいの。四、五日前に松山が脚本を書くので那須へ行ったの。東京駅から四十五分ぐらいで那須塩原まで着いちゃうのに、「弁当だ」っていうの。「向こうへ行って山菜おそばでも食べたら」「いーえ、弁当」って、十一時四十何分の切符買ってくる。結婚してからも、映画の仕事に入ると、毎日毎日お弁当つくって持たせる。朝はコーヒーとパンと目玉焼き食べる。この間六年ぶりに「虹の橋」という映画を撮ったのです。実数六十五日ぐらいかかったのですが、毎日毎日弁当。私は大体低血圧で、朝弱くて、女優をやめた理由のひとつはそれなんですが、朝六時頃起きるとまったく午前中役に立たない。そういう女優がやってた映画を見るのは災難だけど。私は、早起きしなくて済んで喜んでいたら、松山が映画撮り始めた。また六時起きで毎日弁当つくって、この歳になってはもう無理。「もう一本つくるんだったら、離婚してもらいます」か「どっかホテルへ行ってください」と。だったら私がホテルへ。

大宅　松山さんのお好みの範囲が狭い上に、毎日もちろん違うおかずをつくるわけでしょう。

高峰　幼稚園のお弁当みたいでいいの。卵焼きが入って、しゃけが入って、お肉か鳥肉の炒めたのがあって、ごはんは昨日のじゃだめ。漬物さえ入っていなきゃいいの。お漬物はたびたびいただくのですが、ガレージに置いても「くさい！」と。私のつくる弁当がおいしいとか何とかじゃないの。お漬物が入ってなきゃ何でもいいの。梅干しもだめ。だから、とっても範囲が狭いの。

大宅　そのぐらい「おまえの弁当が好きなんだよ」というメッセージでしょう。

高峰　そんなことないよ。他の人がつくってくれたら、なおいいよ。私はお漬物が入ってなきゃいいんだから。木下惠介先生は、松山のお師匠さんですけれども、ロケーションなんかに行くと、スタッフは大体百人近くいるわけね。そうすると、宿屋にお昼の弁当を頼むと、大きな箱に入ってロケ先に来る。不思議なことに漬物だめという人は、六〜七人はいるのね。それで、箱に「漬物なし」という紙が貼ってある。木下先生が漬物食べない。浜松の漬物屋の息子です。

大宅　それは、いやになっちゃったのね。

高峰　張り紙をしておかないと、開けたとき漬物が入っていると六人並んでパーンと捨てるのよ。嫌いというのはそういうものね。時々間違って、開けたら奈良漬けがあったということもあるのね。すると、すっごい怒ってね。私は漬物が大好きなの。結婚したときに「あなたにひとつだけ頼みがあります。一生たくあん食べないでください」といわれたの、真面目な顔して。だから、私は絶対食べないで、よそで三倍ぐらい食べる。だから、行きつけのとんかつ屋さんだとか、鰻屋さんに行くと、「はい、どうぞ」と三人前ぐらいのお漬物が出てくる。

大宅　ため食いね。

高峰　生活もいろいろ要領を使わないとね。

歳とってからは、いい緊張感を大事にしたい

大宅　高峰さんのいさぎいい生き方というのはわかったのですが、いっぱい歴史上の人物になってしまった方々とご親交がありますよね。その方々の老後とか、最期の生き方みたいなところで、ああいう死に方はいいなとか、こういう最期はいいなみたいな先生方、いらしたら。

高峰　ひとりもいないんじゃないかな。谷崎潤一郎先生は、心臓が悪くなって、前立腺の手術をして、書痙《しょけい》になって、それが全部治ったのね。全部治って喜んじゃって。たまたまお誕生日に、〝太平記〟じゃないけど、もといた女中さんたちみんな集めて、三日間ぐらい食べて食べて、食べ過ぎて、それで風邪引いて死んじゃったの（笑）。いいでしょう。

大宅　いいですね。病気で死んだんじゃないのね。

高峰　あの食いしん坊の先生が、食べ過ぎで亡くなってよかったなと、私、思いましたよ。「よしなさい」というのに、食べて食べて……。

いちばん悲しいのは、小津安二郎先生という方は、がんで痛い痛いとうんと苦しんで亡くなった。越路吹雪さん、乙羽信子さん、淡島千景さん、京マチ子さん、高峰秀子さん、全部同じ年なの。だから、コーちゃんがあんなに早く死んじゃって、悲しかった。

大宅　ほんときれいだったわね。写真を拝見すると匂うようでしたね。

高峰　若けりゃ誰だってきれいですよ。歳とるとくしゃくしゃになるの。

大宅　若さだけの勝負じゃないですよ。

高峰　あまり小さいときから仕事をしていたからかもしれないけど、だんだん中味が枯れてまいりましてね。仏心というわけじゃないけど、精神的に贅沢になってきますね。

今日ひとつお話ししたいのは、高山寺に明恵《みようえ》上人という、木の股のところに座禅を組んでいる素敵な絵があすこにありますけれども、その人は偉い偉いお坊さんで、石の上でも木の股でも洞穴でもどこでも座禅を組んじゃう人。それで、二十歳ぐらいのときに、こんな安穏な修行では自分はだめになっちゃうから、ひとつ目の玉をえぐり出してやりましょうと思うのね。だけど、目の玉とっちゃうと、大切な経文が読めないからいけない、やめた。鼻を自分でそいじゃおうと思った。鼻そいじゃって穴だけあいて経文の上に鼻水がたれて汚すから、これもやめちゃう。それでとうとう両耳切っちゃう、本当の話だよ。耳は耳の穴さえあれば聞こえるからと。そういう非常に激しい坊さんだったの、すばらしい人なんだけれども。その人が歳とってから、昔、カリマ島という小さな島で修行していたことがあって、そこにとてもきれいな桜が咲いていて、いつも思い出して懐かしく思っていたのね。

ある時、島に手紙を書くの。島の誰かじゃなくて、島相手に手紙を書く。「随分御無沙汰しておりますけれども、その後お元気ですか。私のいた頃は桜の花がとてもきれいで、とても懐かしいからお手紙を書きました。こんなことは狂気の沙汰だと人は思ってもかまいません。だから、手紙を書きました」と。お弟子さんに「これを持っていって」と。お弟子さんは「その島のどなたにお渡しするのですか」「船着き場でも石の上でもいいから置いてくれればいいんだよ」といったという話。素敵でしょう。いいと思わない？　そういう心境になりたいんだ。欲とか得じゃなくて、私の夢ですね。そんなに、ポカンとしないで。

大宅　まだその心境になれないから、どうしようかなと思って。結局いちばん感動したものは何かという話でいいのですか。

高峰　これいいじゃないの。宛もないのに手紙出して。「桜の花がきれいでしたね」、島に向かって「御無沙汰してますけど、いかがですか」なんて、いいじゃないの。だめ？　日本語でも通じないということがあるのね（笑）。引っ込めよう。

大宅　みんな一緒だったら気持ち悪いので、それでいいんですよ。私も、「ああ、あのとき高峰さんがああいうことおっしゃったけど、私もその心境になった」と思うかもしれない。

高峰　そうだよ、歳をとればわかる。

大宅　歳の問題かな？　その辺はよくわからない。

大宅　今日は、多分皆さんが老後どうしようかなと思いながら見えていると思うのです。お答えは今までもいっぱい出てきているのですが、高峰さんがやったことを皆さんにやれといっても、みんな違うわけだから無理だけれども、これからどうしようと思っていらっしゃるか。

高峰　どうするって、歳とる一方ね。若くは絶対ならない。だんだん歳とって、私なんか中味はボロボロで、足もヨロヨロですね。だんだんだめになってくるから、常に緊張感みたいなもの。緊張感のほかに何もないと思う。

大宅　家庭の主婦は緊張感はよっぽど意識しないとないですよ。一日ごろごろしていても誰も文句いわない。

高峰　台所をやるというのも、歳とってからはひとつのいい緊張感ね。包丁使う、きれいに清潔にする。緊張感なかったらできませんよ。緊張感を持ち続けることは辛いよ、くたびれるけど夜はどうせ寝るんだから。カーッと寝ればいいのよ。ある緊張感を持つということは、いいのじゃないかなと思います。

大宅　私も二年半だけ主人の家に同居して、お嫁さん。主婦は二人いて、私がやらなきゃいけないことは、晩ごはんをつくることぐらいしかなかった。あの緊張感のなさというか、楽しようと思えばいくらでもできるのはやばいなと、あの時思いましたもの。だから、今「緊張感」とおっしゃったのは、すごくよくわかる。

高峰　でも、大宅さんという人は、何でもガーッと一生懸命やる人でしょう。ものをやるときは、それがいちばんいいことね。あっちも半分、こっちも半分というわけにいかないの。私が結婚したのは四十年も前ですが、ぱっと半分に仕事を減らして、家庭半分、女優半分。冗談じゃありませんよ。そんな女優の映画見せられるのは本当に迷惑というものですよね。やっぱりやるときはうんとやる。やらないときは全然やらない。そうすると、半分家庭で半分女優なんて、そんな甘っちょろいもんじゃないから、すぐに半分に減らしちゃって、当時四本か六本撮っていたのを二本にして、仕事をするときは、「さようなら」という感じでさっさと寝ちゃう。夜は何時に帰るかわからない。そのかわり、映画と映画の間はベターッと台所に入って、ガーッとやっていた。亭主なんてものは、どんなことをしたってだめ。あれは食い物でつながなきゃだめ。二品だけでも、「これ食いたいから」というものが家庭でつくれれば、亭主は帰ってきます。と、私は思うけれども、違う？

大宅　この間将棋の米長（邦雄）さん、一週間にいっぺん、昨日はおいしいものを食べたとか、どこの料亭の何とか料理はおいしかったといって、一日ぐらいおいて、「でも、君の何とかの味噌煮がいちばんおいしいな」というんだって。

高峰 うちそんなことといわないよ。

大宅 そうすると、ひと月はもちますよといってましたけどね。敵もそういうふうに考えているようですよ。

高峰 よっぽど演技力がないと、見抜くわね。

大宅 おいしいとおっしゃいませんか。

高峰 もう家の味に慣れちゃったからだめだ、とはいいますけれども。

大宅 それは、あの年の男の表現ですよ。

高峰 とにかく外で食べない人。何でも帰ってきちゃう。そこまでにしちゃった私も悪いのですけれども、家の味というものがいつの間にかできちゃったのよね。

大宅 私がごはんをつくるというのも、それがあるんです。子供の口を牛耳っておけば何とかなるのじゃないか。うちの場合、亭主は員数外なんです。あれは放っておいてもひとりで生きているだろうと思っていますので。

高峰 キッとなってつくっちゃう方だけど。……いなけりゃね。

大宅 ダラダラやらないというのは難しいですよね。気分転換みたいなことが日々できたらいいなと、お話伺いながら思っていたのですが。

さっき住まいの話があったので、ハワイの話をチラッとお聞きしたいのですが。

高峰　ハワイはくだらない理由でアパートに行ったの。ハワイはホテルの予約が難しいので、小さなアパートを買ったのは、もう二十一年前。そこへ行けばのんびりしていると思いきや、三度三度ごはんをつくって、亭主は脚本書いて、日本と同じことをやっているんです。

私のところは四階なんですが、三階がプールになっていて、芝生が植えてある。そうすると、三階から四階までたった一階だから、ラナイ（ベランダ）に鳥がいっぱい来る。あそこはハトはいないんだけど、ダッブと尾長、スズメ、六種類ぐらいいる。角部屋で、朝開けると手すりにいっぱいいるの。全部うんちしていく。初めは「鳥の声で目がさめた」というのは素敵じゃないの。開けると小豆をまいたように、手すりにいっぱい。松山は、夢中でそれを掃除して、向こうのラナイはじゅうたんがしいてありますから、石じゃないから大変なんですよ。困って、困って、電気通しちゃうというの。「ゴリラとるわけじゃあるまいし、電気通すというのは」「そうだな、かわいそうだな。両面スコッチテープで鳥が動かなくするんだ」というの。それは手すりだけの話であって、広いラナイに両面テープを貼ったら、自分が出られないじゃない。だめ。

それから考えて、毒殺するのはかわいそうだから、鳥がいやだという臭いだとか何かないかなというので、ペットショップへ行ったの。「鳥が来ないようにするにはどうするか」と聞いたら、若い少年のようなのが来て、「もう一階上のナチュラル何とかいうお店でヘビを買ってくればいい。それをラナイに置いておけば来なくなるよ」というの。ハワイというところは、ヘビがいないのです。私がハワイにアパートを買ったひとつの理由は、地震がないこと。ヘビがいないということ。このふたつで買ったみたいなものなんですが。ヘビが全然いない。ケネディさんの時代かな、まだ動物園にもヘビがいないので、小学生が動物園にヘビを置いてくださいと手紙を書いたら、本当にオスのヘビを一匹送って来た、ふえると困るから。それが動物園にいるらしいのですが、そのくらいヘビのいないところなんです。「プラスチックのヘビ買って置いておけば来ないよ」というけど、「うそだ」といいながらやってみるかと、お店にいってクニョクニョした青大将を三十ドルで買ってラナイに置いたの。次の日から一羽も来ない。

大宅　ほんとに?

高峰　一羽も来ない。

大宅　ハワイにヘビというものがいないなら、鳥はヘビというもの知らないから、へビが怖いとわからない。

高峰　だから、研究しなさい。そんなことあり得ないというけど、現実に来ない。朝開けてもピーともプーともいわないから、こっちは寝坊しちゃったわよ。ヘビは置いてあるだけよ。松山が「このヘビに紐つけて、来たら動かしてやる」と。でも一羽も来ない。そのヘビを買ってから二十日間ぐらいハワイにいたのですが、一羽も来ない。もう片一方のラナイにも、今度行ったら買って置くつもりですが。動いてないし、臭いもしない。こう見ていたら、手すりのところに常連の三羽ぐらい来て見てたけど、フーッと飛んでいっちゃった。そばへも来ない。その手すりにもじっといない。様子見に来るだけで、下へは降りない。

ハワイにヘビがいないから、鳥たちはヘビを知らない。でも、その鳥たちはもともとグァム島から船につかまって来たか、日本人が移民するときに、貧乏で食い詰めていった移民ばかりではありません、医者や金持ち、お役人も行ったので、そういう人たちが鳥かご下げて行きました。ホノルルにもともといた鳥というのは、全部絶滅したわけ。何万羽という、赤いのとか黄色い鳥の毛でケープつくっちゃった。ハワイにいた鳥というものは、全部死んじゃったわけなの。今いるのは後から集まってきたのばかりだから、遺伝の問題になってくるわけね。どっかにインプットされていて、あれはおっかないものと。動かないのに来ないというのは、すごい。いろいろ文献調べましたけれども、ヘビと鳥の関係は、どこ探してもありません。おもしろいでしょう。
とにかく朝起きたときから手すりにつかまっていたのが来ない。来ても、「あっ、またいる」という顔していっちゃう。うんち一個もなし。これが二十年間ホノルルにいて、初めて知ったことよ。

大宅　そういううまい解決方法が、ほかにももしかしたらあるかもしれないと思ったりもしました。

思い出を心の中にためていった方が、荷物にならない

大宅　お骨《こつ》の話から鳥の糞の話まで、いろいろ多岐にわたりました。皆さんからの質問を受けます。

――　松山善三さんの脚本で、ＴＢＳの「東芝日曜劇場」を拝見しております。松山善三さんのドラマには、まったくお出にならないのでしょうか。引退とかいうのをお聞きしたことがないので。

高峰　引退して手拭いを配るほど私は……、ジョン・ウェインじゃありません。自然消滅がいちばんいいと思います。五十五年やったらあきるんです。「五十五年が何さ。

まだやっていたっていいじゃない」と。そりゃそうだけれども、五十五年やった人でないとわからないし。

大宅　スタートが早いからね。

――あまり好きでない女優生活五十五年と、あまり気のあわなかった継母さんとの長い間の生活の中では、ひどい人間になっていくはずのものが、どのようにしてご自分の美学を磨かれていったのでしょうか。

高峰　十六、七の頃、この頃珍しい「未婚の母」になってやろうかと思ったことがあるの。そのくらいしないとびっくりする親じゃないから。あれもおなかが大きくなったり大変じゃない。この母親を驚かして何になるんだと思ったの。子供がひとりふえるだけじゃないのと、やめたんです。

もうひとつ、死んじゃおうと思って、何というのかな、この人を脅かすのには、自分が死ぬか、この人を殺して――といっても私も牢屋に入らなきゃならないから、じゃあ自分が死んじゃえと思って。成城学園に住んでいたのですが、当時の成城はまっ暗なの。九時頃、踏切まで随分遠いんだけど、走って行ったの。踏切のところで遮断機が降りて、向こうからチンチンと電車が来たの。小田急線、汚い電車なんだ。その電車を見て、フーッと気が変わったの。これに轢《ひ》かれてもつまんないなと思って、クルッと後ろ向いてまた家に帰ってきたの。そういうことあったんですよ、何度も。その度に、私、白けているのね。直ぐにやめちゃう。太宰治に『トカトントン』という小説があるでしょう。皆さんもそういうことありませんか。何かしようと思うと「トカトントン」と向こうの方で音がして、白けちゃう。私もそういう「トカトントン」という経験があって、私の場合は、ピーヒャラトントントカトントンと、なぜかたぬき囃子《ばやし》みたいなの。こんなところにお祭りでもないのに、そんなはずないんだけれども、太鼓の音が聞こえたりなんかする。この頃はだらけちゃってないのですが。『トカトントン』みたいにふっと我に帰っちゃうということが、何度もありましたよ。

だから、ギーッと真剣になればなるほど、自分がばかばかしい。それにさっきいちばん初めにいいましたように、自分をかわいがってやらないとかわいそうじゃない。「かわいそう、かわいそう」と思い直してまいりました。

大宅　その場に及ぶと、きっと道が出てくるのかもしれない。想像上で考えていると、すごいなと思うし、大変だったろうなと思いますもの。

高峰　あんな汚い電車に轢かれていたら、つまらなかったと思う。

大宅　漆塗の電車ならよかった。

高峰　親はそんなこと、全然知りません。

高峰　日本人にいちばん足りないのはユーモアだと思わない？

大宅　カルシウムが足りないそうです。カルシウムが足りないと怒りっぽくなるんですって。これは亡くなった栄養学博士の川島四郎さんという九十一ぐらいまで生きた方。ギリギリまで背筋がピンシャンで、九十ぐらいでガードレール跨《また》いじゃったそうです。講演を頼みにいったら、かっこいいツイードのジャケットを着て、フラノのズボンで。最少の食料でいかに生きるかを研究していた方です。

高峰　私があの人を大好きになっちゃったのは、アフリカでなんかおっかなそうな現地の人が来たときに、入れ歯を出して見せたら逃げちゃったって（笑）。そういうとこが日本人にないとこなの。入れ歯を出されたら、向こうは驚いたよ、歯医者なんてないんだから（笑）。

大宅　浅間山荘事件でたてこもって、あれだけ残虐なことをしたのは、カップラーメンみたいのばっかり食べて、明らかなカルシウム不足。人間はユーモアがなくなって残虐になる。だから、かっぱえびせんのコマーシャルに出ていたんです。

この間、三枝成彰《さえぐさしげあき》さんが、「男の人は片目をつぶれた」という言い方をしたのですが、女は両目を開いて「正義」という。「正義」には、「ハー！」と畏れいるしかない。やっぱり片目つぶるというのとユーモアがわかるというのは少し通ずるところがあるかもしれない。「正しいには違いないけど、世の中それだけではいかないでしょう」というのがありますね。

高峰　私の人生もいろいろひどい目にあったけれども、他人から見ればすごい悲劇かもしれない、喜劇かもしれない。私にとっては悲劇よ、自殺したいくらいだから。他人からみれば「あら、そうかい」で済んじゃう。他人から見れば喜劇みたいなことで、そんなことで自分が苦しむことないじゃないかと。ユーモア、おかしいことじゃないか。自分の家に帰ったら、宿料をとられたなんて腹立つより笑っちゃうわよ。

そういうふうに何でもおかしくおかしくして。結婚したときは三十歳で、どうしようもない女で。この旦那と何とかうまくやっていくには、一生懸命お料理をつくること。それとユーモア。毎日何かひとつ笑わす話題。何でもいい。三つぐらいあったらとっておいて、次の日にまたひとつ出す。家の中に笑いがある。勤めている人たちも「フフッ」と笑うようなこと考えるといい。これは大変よ。演技力がなきゃできない。笑いというのは、家の中にどうしても要りますね。

大宅　学ばなくちゃ。私の場合はほとんど怒ってますから。

――身の周りを整理して、大きな家を小さくしてというお話を伺ったのですが、私も母も整理とか捨てるのがへたなんですが、台所に関する整理はどのようになさいましたか。

高峰　台所が前の三分の一ぐらいになっちゃいましたから、すし桶を置くところもない、包丁も十本ぐらいあったのを三本にする。細かく整理しました。不精したらできませんね。私の整理は、いただきものを置かないということ。非常に冷たい。冷酷な人間と思われてもかまわない。他人からのいただきものを置いてごらんなさい、大変よ。そういうお宅を知ってますが、デパートの地下みたいになっちゃうから。心を鬼にして処分する。

大宅　捨てるわけじゃないでしょう?

高峰　もらってくれる人があればあげる。バザーに出す。教会へ持っていく。食べ物ならしかるべきところへ持っていく。

私、結婚した時、大きな壺を三十五個いただきました。涙をのんで処分して、今は一個もない。日本間がない家に布団のセット、何組来たか。人に物をあげないことね。今はお金があって好きなものが買えるから。もしあげたければ、聞く。

大宅　家事評論家の人たちの「収納の上手な……」というのを見ると、持っているお皿全部調べて、このサイズにあわせて棚をつくって改造しましたと。それを考えると改造できない。だから、いつまでたっても整理できない。

高峰　沢村貞子さんはとってもお料理が好きな人でね。昔のお宅に伺ったことがあるのですが、日本風の台所で、ざるがあったりして、とてもいいのね。あれ全部整理したんだな。かわいそうだなと思ったけれども。うちも大きなまないたは整理しましたし、出刃包丁のいちばん大きいのは整理しました。かなり冷酷になってやらないと、物を整理することはできない。

大宅　もったいないという思想と、整理という中で喧嘩するわけです。

高峰　私は野菜の切れっ端ひとつ捨てません。絶対食べる物は捨てない。物は壊さない。コップひとつ壊したことない。ケチだから。

大宅　いただきものは愛着が出る前に嫁に出す。

高峰　私は歳とってきたから、少しの好きな物だけに囲まれていたいの。歯ブラシ一本でいいかもしれない。そういうことよりも、こうやって皆さんに会ったり、あなたと久し振りに会ったりして、そういう思い出みたいなものを心の中にためていった方が、荷物にならないしね。いいのじゃないかな。例えば、寝たきり老人になっても、そういうことを思い出しているだけで、随分間が持つじゃないの。金の延べ棒持っていたってしょうがないじゃないの（笑）。

——今日はひとつお願いがございますが、中央公論社でお出しになった『旅は道づれアロハ・ハワイ』が大好きなんですが、ヘビのお話がなかったので、ぜひ続編をお書きいただきたいと思います。

大宅　旅は道づれシリーズはたくさんありますので。『おいしい人間』という本も読みやすくて。

高峰　あたりまえでしょう、難しいこと書けないし、活字を大きくして。安野光雅先生のかわいい表紙。月にぶら下がっているのが松山で、ほうきに乗っかっている魔女が私だそうです。

大宅　お話いくらでも伺っていたいのですが、本当にお忙しいところありがとうございました。

高峰　私は赤い骨壺に入ってしまうからこれでお別れかもしれませんが、いつまでも毎日緊張感を忘れないで、お元気でいらしてください。さようなら。

（大宅映子編著『女の自立と心意気——みんなに聞いて欲しい5つの物語』廣済堂出版、'95年4月）

女同士だからこその話

～亡き母・高峰秀子に捧ぐ

斎藤明美

本書は、先に刊行した『高峰秀子と十二人の男たち』と対をなす、いわば〝雄雛・雌雛〟的愛らしさを願って作った本だ。

対談相手は男性版同様、いずれも各分野で活躍する女性たちで、高峰は時に肩を叩き頬っぺたをつついて楽しげに、時に先輩への敬意をこめて真摯に、またある時には自らが人生の先輩として経験値を年下の相手に語っている。

読んで、率直に面白かった。

そしてやはり女は怖くて強いなと。

なぜなら男性に比して圧倒的に〝生活〟を担っていることがわかるからだ。結婚していようといまいと、女は日々の生活について、男とは比べものにならぬほど、腐心している。別の言い方をすれば、今日のご飯という現実を背負いながら家の中で、あるいは外で働いているのだ。食べる、暮す、老いる、死ぬ、これら人間としての行いと宿命に、女は男より真剣であり、また真剣にならざるを得ないDNAを生まれながらに持っているのだと感じる。

だから話が面白いのだ。より具体的だから。

中でも高峰が尊敬する女優・杉村春子の亡き夫への想いは、しみじみとして哀しい。

おそらく高峰も、ひとごとでなく胸に迫ったろう。

そして圧巻は、やはり田中絹代、山田五十鈴という二大女優との座談である。

本書を装丁してくれた友成氏がこんなことを言った、

「表紙のカバーを作る時、ふと思いついて、高峰さんの部分を他の女優さんの写真にしてみたんです。不思議なんですが、どの方を当てはめてみてもどうしても違和感があるんです。田中絹代、山田五十鈴と卓を囲んで絵になるのは、やはり高峰さんでなくてはいけないんですよ」

面白い試みをしたものだと、私は思った。

そしてなるほどと思った。

それは演技力に他ならないだろうと。今の私の立場でそう書くと、人は「なんだ、身びいきしやがって」と言うかもしれないが、決して身びいきではなく、田中絹代・山田五十鈴・高峰秀子は、文字通り日本映画の三大女優であると思う。

顔の美しさや、魅力などという曖昧な根拠ではない、女優本来の務めである演技の腕前という点で、この三人は出色である。加えてどの人も銀幕のスターと呼べる。

その意味で、この三人を座談させた当時のキネマ旬報の功績は大きい。

惜しむらくは、たとえその時代の大家とはいえ、評論家の津村秀夫氏を交えず、三女優だけをそのまま放っておいたほうが、もっと面白い話になったのではないかということ。

その設定なら、必ずや最年少の高峰が気を使って進行役をしただろうし、田中絹代も山田五十鈴も、高峰にじかに質問されたなら答え方も違って、座談は別の様相を呈したはずだ。

そしてもう一つ。このスリーショットを見ていて気付いたのは、この日本映画史に残る三大女優の中で、結婚生活を全うし末期を愛する連れ合いと不出来とはいえ娘に、つまり家族というものに看取られたのは、高峰ただ一人だったということである。そこに高峰秀子という人の、特異性がある。

いずれにしても、表紙の一葉は、まさに〝ザ・映画女優〟だ。

その上で、本書に満載されている、〝女の生きる知恵〟は、読むに値する。

平成三十年一月

文筆家／松山善三・高峰秀子養女

＊南都雄二氏、ぬやま・ひろし氏の著作権者がわかりませんでした。
お心当たりのある方は編集部までご一報いただけると幸いです。

高峰秀子

（たかみね・ひでこ）

1924年生まれ。女優、エッセイスト。
五歳の時、松竹映画「母」で子役デビュー。以降、「カルメン故郷に帰る」「二十四の瞳」「浮雲」「名もなく貧しく美しく」など、300本を超える映画に出演。『わたしの渡世日記』（日本エッセイスト・クラブ賞受賞）『巴里ひとりある記』『まいまいつぶろ』『コットンが好き』『にんげん蚤の市』『瓶の中』『忍ばずの女』『いっぴきの虫』『台所のオーケストラ』など著書多数。夫は脚本家で映画監督の松山善三。2009年、作家・斎藤明美を養女に。2010年死去。

高峰秀子と十二人の女たち

二〇一八年二月一八日　初版印刷
二〇一八年二月二八日　初版発行

著　者――高峰秀子
発行者――小野寺優
発行所――株式会社河出書房新社
東京都渋谷区千駄ヶ谷二-三二-二
電　話――〇三-三四〇四-一二〇一［営業］
〇三-三四〇四-八六一一［編集］
http://www.kawade.co.jp/
組　版――有限会社マーリンクレイン
印　刷――三松堂株式会社
製　本――三松堂株式会社

ISBN978-4-309-02654-1
Printed in Japan

高峰秀子・著

高峰秀子と十二人の男たち

谷崎潤一郎、三島由紀夫、成瀬巳喜男、
森繁久彌、そして、松山善三……。
作家、学者、映画監督、俳優など、
各界を代表する男性12人と、
25歳から80歳までの高峰が本音で語り合った、
単行本未収録対談集。

河出書房新社